Florian Werner

# Die Raststätte
## Eine Liebeserklärung

Hanser Berlin

2. Auflage 2021

ISBN 978-3-446-26794-7
© 2021 Hanser Berlin in der
Carl Hanser Verlag GmbH & Co. KG, München
Umschlag: Anzinger und Rasp, München
Foto: © Christian Werner
Satz: Sandra Hacke
Druck und Bindung: Friedrich Pustet, Regensburg
Printed in Germany

MIX
Papier aus verantwor-
tungsvollen Quellen
FSC® C014889
FSC
www.fsc.org

»Letzten Endes ist die Welt voller Rastplätze, wo vielleicht Träume von einem solchen Reichtum warten, daß sie alle Hinreisen und irgendwann auch eine ohne Rückreise wert sind.«

*Die Autonauten auf der Kosmobahn*

»Eine der Top-Anlagen in Deutschland.«

*Autobahn Profi* über Garbsen Nord

## Nächste Ausfahrt
## Garbsen Nord

Drei weiße Balken auf blauem Grund, dann zwei, dann einer, diagonal von rechts oben nach links unten wie der Bastardfaden auf einem mittelalterlichen Wappenschild: Noch dreihundert Meter, noch zweihundert, hundert, wir kommen der Sache näher. Jetzt keine Ankündigungsbake mehr, dafür ein mächtiger Pfeil, der in die Botanik weist, Verkehrszeichen Nummer 333: Ausfahrt.

Ich drehe das Steuer, die Tachonadel sinkt, achtzig Stundenkilometer, sechzig, dreißig. Ich folge der Ausfädelungsspur auf die dahinter liegende Asphaltbrache, gelbrot leuchtet das Vordach der Tankstelle, aber ich lasse sie rechts liegen und folge dem Piktogramm, das den Weg Richtung Übernachtungsmöglichkeiten weist, schwarze Decke, schwarzes Kissen, ein stilisiertes Kastenbett.

Vorbei an den Zapfsäulen, vorbei an der Station für Luft und Wasser, über den Parkplatz, der die Tankstelle vom Restaurant und Motel trennt. Ein paar Dutzend Vierzigtonner dieseln Flanke an Flanke in der Hitze vor sich hin, daneben PKWs, Kleinbusse mit polnischem Kennzeichen, die Passagiere hängen bei offener Tür in den Sitzen, dösen, daddeln, rauchen.

Auf dem Vordach des Rasthauses reckt eine Nachbildung der Freiheitsstatue ihre Plastikfackel in den niedersächsischen Himmel, daneben thront ein Iguanodon aus Kunstharz; es scheint mich zu beobachten. Ein paar Meter weiter führt ein Abzweig zum Gästeparkplatz unterhalb des Motels.

Kühler weißgetünchter Beton, Kunststoffmülleimer mit dem Logo eines Speiseeisunternehmens, kaum andere Fahrzeuge. Ich bringe den Wagen zum Stehen, nehme die Sonnenbrille ab, massiere mit Daumen und Zeigefinger der linken Hand die Tränendrüsen. Ich muss gestehen, ich bin ein bisschen nervös. Vorfreudig, hibbelig wie vor einem ersten Date. Obwohl ich gar nicht mit einem Menschen verabredet bin, sondern nur mit einem Ort.

Zumal mit einem, der nicht gerade als attraktiv gilt.

Etwa vierhundertfünfzig Autobahnraststätten gibt es in Deutschland, mehr als eine halbe Milliarde Reisende machen jedes Jahr an ihnen Halt; damit haben sie deutlich mehr Besucher als der Kölner Dom, das Brandenburger Tor und das Oktoberfest zusammen. Zugleich sind Raststätten Orte, an denen Abertausende von Menschen arbeiten und wo Heerscharen von LKW-Fahrern einen Großteil ihrer Frei- und Schlafenszeit verbringen. In einer Gesellschaft, die Individualverkehr als Grundrecht betrachtet, und in einer Zeit, da der Gütertransport zunehmend von der Schiene auf die Straße verlegt wird, nimmt die Bedeutung der Raststätten als Dienstleistungs- und Erholungsorte stetig zu. In einer bekennenden Autofahrernation wie Deutschland sind sie vielleicht die wichtigsten Bauwerke überhaupt.

Darüber hinaus lassen sich Raststätten aber auch als Knotenpunkte verstehen, an denen sich deutsche Zeitgeschichte verdichtet: Ihre Planung war zunächst eng mit dem Autobahnbau während der nationalsozialistischen Herrschaft verbunden. Nach Kriegsende verlief auch die deutsche Raststättengeschichte getrennt. In den Neunzigerjahren schließlich wurden die west- und ostdeutschen Betreibergesellschaften vereinigt und kurz vor der Jahrtausendwende, ganz im neoliberalen Geist der Zeit, privatisiert. Die Raststätte, das ist Deutschland im Kleinen. Ein Mikro-, ein Motorkosmos.

Dennoch sind Raststätten, Hand aufs Herz, nicht gerade beliebt: Sie gelten, bei wohlwollender Lesart, als Inbegriff bundesrepublikanischer Durchschnittlichkeit, als leidlich funktionale Nicht-Orte, wo man in der Regel nur Halt macht, wenn es die Leere des Tanks oder die Fülle der Blase unbedingt erfordern. Das Meckern über die Preise an der Autobahn gehört zur nationalen Folklore, das Klagen über die Qualität des dort angebotenen Essens ist gesellschaftlicher Minimalkonsens. Die Raststätte ist wie ein Mensch, den man nicht leiden, ohne den man aber auch nicht leben kann. Ein Partner, dessen Gegenwart so selbstverständlich geworden ist, dass man ihn kaum noch bemerkt.

Wahrscheinlich ist es gerade diese Unbeliebtheit. Diese Unaufdringlichkeit. Diese vollkommene Abwesenheit von allem, was man gemeinhin unter *sehenswürdig* oder *schön* versteht, die mich an Raststätten so fasziniert, ja beinahe magisch anzieht. Mein Lieblingstier ist die Gemeine Wegschnecke, mein Lieblingsheld ist Otto Normalverbraucher, mein bevorzugtes Kleidungsstück ein mittelgraues T-Shirt mit Rundkragen. Anders gesagt: Ich habe ein ausgesprochenes Faible für Wesen, Dinge und Orte, die durch vermeintliche Gewöhnlichkeit glänzen, unter deren Oberfläche sich bei näherer Betrachtung aber Welten (oder wahlweise Abgründe) auftun.

Der Besuch einer Autobahnraststätte, davon bin ich überzeugt, kann uns mehr über die Kultur, Mentalität und Geschichte dieses Landes und seiner Bewohner verraten als die Besichtigung der genannten Kathedrale am Rhein, des neoklassizistischen Triumphtors in Berlin oder des notorischen bajuwarischen Saufgelages. Im vergangenen Sommer erfüllte ich mir daher einen langgehegten Wunschtraum: Ich nahm mir frei von familiären und sonstigen Verpflichtungen. Ich mietete mangels eigenen Automobils einen Leihwagen. Dann fuhr ich los: von Berlin, wo ich zu Hause bin, nach Westen, vorbei an Potsdam, Magdeburg, Braunschweig, immer weiter auf der A2, meist in zähflüssigem Verkehr, manchmal im Stau, bis kurz hinter Hannover. Zur Autobahnraststätte Garbsen Nord.

Alle deutschen Rastanlagen, so viel war mir klar, würde ich nicht besuchen können – zumal ich nicht an einer flüchtigen Affäre interessiert war, ich wollte mich gleich für mehrere Tage und Nächte einquartieren, schauen, schnuppern, schreiben, mit Menschen sprechen, die einen solchen Ort am Laufen halten und sich dort auskennen. Ich brauchte also eine Stellvertreterin, ein Musterbeispiel: eine Raststätte, die exemplarisch für die Vielzahl von Nebenbetrieben an der Autobahn stehen kann.

Dass ich mich, ohne jemals zuvor dort gewesen zu sein, ausgerechnet für Garbsen Nord entschied, hat einen schlichten Grund: Die Raststätte markiert die automobile Mitte unseres Landes. Sie liegt unmittelbar an der A2, jener hochfrequentierten Ost-West-Achse, die Aufgrund der Vielzahl an Lastwagen, die aus Polen Richtung Ruhrgebiet oder weiter nach Rotterdam donnern, den Spitznamen Warschauer Allee trägt. Und unweit der A7, also der großen Nord-Süd-Verbindung, auf der während der Ferienzeit bayerische Touristen nach Skandinavien brettern und skandinavische Touristen nach Bayern. Hier treffen sich Menschen aller Herren Länder und Himmelsrichtungen, hier ist das Zentrum der Windrose. Wenn die Landkarte von Deutschland der Umriss eines Menschen wäre, läge Garbsen Nord in der Herzgegend.

Und nicht nur räumlich, auch zeitlich lässt sich Garbsen Nord im Mittelfeld verorten. Die Anlage wurde 1954 eröffnet, gehört also nicht mehr zu den protzigen Monumentalraststätten der Nazis. Sie stammt aber auch noch nicht aus der Dekadenzphase der Siebzigerjahre, als man auch in Westdeutschland vermehrt auf vorgefertigte Teile zurückgriff und eine Raststätte in Systembauweise nach der anderen an die Straße klotzte.

Dass es die Anlage überhaupt gibt, verdankt sich einem Zufall: Mitte der Dreißigerjahre, beim Bau der Reichsautobahn vom Ruhrgebiet nach Berlin, wurde neben der Trasse Kies und Sand ausgebaggert. Die entstandene Grube füllte sich mit Grundwasser, und es entstand der sogenannte Blaue See – der wiederum die Niedersächsische Straßenbauverwaltung dazu bewog, auf der gegenüberliegenden Autobahnseite eine Raststätte mit Baggerseeblick zu errichten. Eine Anlage, die, in den Worten der *Deutschen Bauzeitung,* »der letzten Rast vor der Abfahrt nach Hannover zu dienen vermag und den Einwohnern der Stadt ein leicht erreichbares, lohnendes und interessantes Ausflugsziel mit Badegelegenheit im Freien bietet«.

Die Raststätte Garbsen Nord ist damit ein idealtypisches Beispiel für die Architektur des Anthropozän, also des gegenwärtigen, vom Homo sapiens, seinen Ausdünstungen und Eingriffen geprägten Erdzeitalters. Der Mensch erschafft künstliche Landschaften und Gewässer (hier: eine Autobahntrasse und einen Baggersee) – dann errichtet er Bauwerke, um diese vermeintlich natürlichen Phänomene zu bestaunen. Die Naturbeobachtung wird zur Nabelschau, Gewachsenes und Gemachtes sind ununterscheidbar miteinander verbunden.

Zugleich atmet die Raststätte vernehmlich den Geist der Fünfzigerjahre: Dass irgendein Reisender eine halbe Stunde vor Erreichen des Zielorts, wie es die *Bauzeitung* mutmaßte, noch einmal eine Rast, Tank- und Verzehrpause einlegt, erscheint heute genauso abwegig wie die Vorstellung, dass er eine Autobahnraststätte als Ausflugsziel ansteuern sollte. Die Lage von Garbsen Nord ist Ausdruck einer ungebrochen autoaffirmativen, fortschrittseuphorischen Denkungsart, die zu Beginn des zwanzigsten Jahrhunderts mit dem Futurismus ihren Anfang nahm, mit der Ölkrise Anfang der Siebzigerjahre erste Risse bekam und die heute nur noch im Bundesverkehrsministerium, beim ADAC sowie in den Vorstandsetagen deutscher Automobilhersteller fortleben dürfte. Anders gesagt: Garbsen Nord ist ein typisches Wirtschaftswunderkind. Ein Ort von hinreißender Durchschnittlichkeit, ein Traum in Nullachtfünfzehn, asphaltgewordene Normalität.

Genau der richtige Ort für mich.

# Reise zum
# Mittelpunkt der Welt

Auf dem Luftbild von Garbsen Nord, das ich vor meiner Reise studiert habe, sah die Rastanlage aus wie ein Flussdiagramm. Wie ein Delta, das sich verzweigt und in kleinere Läufe auffächert, in Spuren für Last- und Personenkraftwagen, für Tank- oder Rastwillige. Auf Höhe der Zapfsäulen spaltet sich das Gewässer in ein knappes Dutzend Nebenarme, mündet dann aber nicht in ein wie auch immer geartetes Asphaltmeer, sondern vereint sich am Ende des Rastplatzes wieder und fließt zurück in die Autobahn, in diesen niemals stillstehenden und doch untergründig statischen Strom.

Heute, an einem sengenden Tag im Sommer, erscheint diese feuchtkühle Assoziation denkbar weit weg. Um mir einen Blick aus der Bodenperspektive zu verschaffen, schlendere ich den Rastplatz nach meiner Ankunft zu Fuß ab, einmal von Anfang bis Ende, von Osten nach Westen, von der Ausfahrt bis zur Einfädelungsspur.

Das Erste, was mir auffällt, ist die anachronistische Abfolge der Gebäude: Wie bei den meisten älteren Anlagen muss man als Ankömmling erst die Tankstelle passieren, bevor man das Rasthaus erreicht: Der alte, noch aus vormotorisierten Zeiten stammende Grundsatz »Erst das Pferd, dann der Kutscher« lebt hier also noch fort – obwohl es einem Auto, anders als einem Vierbeiner, herzlich egal sein dürfte, wann es betankt wird. Auch die Ikonographie auf dem Tankstellenvordach, die dem oder der Treibstoffsuchenden den Weg zur richtigen Zapfsäule weisen soll, wirkt aus der Zeit gefallen, hinkt der Fahrzeugentwicklung um Jahrzehnte hinterher: Das Piktogramm für Lastwagen zeigt nicht etwa einen modernen Vierzigtonner, sondern einen altmodischen LKW mit Plane und Pritsche. Und das PKW-Symbol zeigt einen stilisierten Kompaktwagen mit Schrägheck – obwohl eine der mittlerweile epidemisch verbreiteten Geländelimousinen aufgrund ihres immensen Spritverbrauchs doch das viel passendere Symbol wäre.

Unter dem Vordach, an Zapfsäule Nummer fünf, steht ein schwarzer Mercedes-Bus, Siebensitzer. Hinter den halbgeöffneten Fenstern fläzt ein halbes Dutzend Jugendlicher, matt wie die Fliegen, Kopfhörer im Ohr, wartet auf die Weiterfahrt. Die Fahrerin steigt aus, nimmt die Tankpistole aus ihrer Halterung, versenkt den Kolben im Korpus des Fahrzeugs, was sofort Unruhe unter ihren durchweg männlichen Passagieren hervorruft; vielsagende Blicke werden getauscht, Ellenbogen in Rippen geknufft. Während der Treibstoff durch den Schlauch pulsiert, schnappt sich die Fahrerin den neben der Zapfsäule in einem Eimer mit Brackwasser dümpelnden Schwammwischer und beginnt, die Frontscheibe zu putzen. Sie reckt sich nach vorn, um das jenseitige Ende der Frontscheibe zu erreichen, über dem Halbrund ihres Trägertops zeichnet sich die Rückenmuskulatur ab, das zuckende Wechselspiel zwischen Spannung und Erschlaffung. Aus dem Inneren des Busses ertönt eine Jungmännerstimme: »Ausziehen! Ausziehen!«, dann ein kollektives Lachen. Die Fahrerin putzt ungerührt weiter.

Wenige Meter entfernt, an Zapfsäule Nummer drei, parkt derweil eine gigantische Edelstahldose auf Rädern, ihre polierte Oberfläche reflektiert die Umgebung, aber perspektivisch verzerrt, zusammengestaucht wie in einem Spiegelkabinett. Auch sonst scheint mit dem Laster etwas nicht zu stimmen: Statt des obligatorischen Treibstoffschlauchs, der wie bei allen anderen hier stehenden Fahrzeugen in den Tank hineinführt, führen sage und schreibe vier Schläuche aus ihm heraus.

In der Tat, bestätigt der Fahrer meinen Verdacht: Der Laster wird nicht etwa betankt, sondern füllt die unterirdischen Reservoirs mit Treibstoff auf, der Fahrer deutet auf die Platten aus Metall, die parallel zu den Fahrspuren in den Boden eingelassen sind. Alle vier Sorten auf einmal. Der Mann strahlt eine enorme Ruhe und Kernigkeit aus, unter seinem Overall ist ein athletisch-asketischer Körper zu erahnen, die obere Hälfte seines Raubvogelgesichts ist von einer Schutzbrille aus Plexiglas verdeckt, wobei unklar ist, ob die Brille seine Augen vor etwaig herausspritzendem Kraftstoff schützen soll, oder umgekehrt die Umwelt vor seinem stechenden Blick.

Eine Dreiviertelstunde dauere der Betankvorgang, teilt mir der Fahrer auf Anfrage hin mit, mustert mich dabei abschätzig-kritisch, wie ein Habicht, der eine Zwergmaus beobachtet und gerade beschlossen hat, dass sie für sein Beuteschema zu klein ist. Fünfunddreißigtausend Liter Kraftstoff strömen derweil in die unterirdischen Kammern. Etwa fünf Mal pro Woche mache er diese Prozedur, sagt der Habicht. Je nach Bedarf.

Ob er denn gar nicht nervös sei, wenn er mit mehr als dreißig Tonnen hoch entzündlicher Fracht auf der Autobahn unterwegs ist?

Der Habicht blickt mich kühl durch seine Plexiglasbrille an, vielleicht auch ein bisschen spöttisch, zuckt mit den Schultern. »Wenn dir einer hinten drauf fährt, hast du immer Pech gehabt – egal, was du geladen hast.« Außerdem mache er den Job jetzt schon seit fünfundzwanzig Jahren, und es sei noch nie etwas passiert.

Er wendet sich wieder seinem Tanklaster zu, kontrolliert die Lage der Schläuche, überprüft hier ein Ventil, studiert da eine Anzeige, dreht sich dann noch mal zu mir um. »Na ja«, fügt er milde, fast versöhnlich hinzu, vielleicht war meine Frage doch nicht so abwegig: »Man soll niemals nie sagen.«

Neben der Eingangstür des Tankstellenshops laden ein paar runde Tische zum Herumstehen ein: Wer gerne mit Dieseldunst in der Nase seine Mahlzeiten einnimmt, ist hier genau richtig. Eine Heißwurst wird gerade in Senf gebadet, ein Kaltgetränk in einen Truckerkörper gefüllt, ein Kindermund nuckelt an Eis, der dazugehörige Schopf reicht kaum an die Stehtischkante.

Die Automatiktüren teilen sich vor mir wie das Rote Meer, ich schreite hindurch, im Shop ist es angenehm kühl. Das Sortiment ist wenig überraschend wobei: Neben den üblichen Mobilitätsutensilien (Motorenöl, Straßenkarten, Bier) fällt mir ein übermannshoher Aufsteller mit Holzschildern ins Auge, die offenbar für das heimische Gartentor, die Haus- oder Wohnungstür gedacht sind. Die Schilder sind frühstücksbrettgroß und jeweils mit dem Konterfei eines Rassehundes bedruckt, daneben steht ein Spruch, der wahlweise Einbrecher abschrecken oder Nachbarn, Freunde und Besucher von der Richtigkeit des eigenen Lebensentwurfs als Hundehalter überzeugen soll:

> In diesem Haus wacht ein Dobermann.
> Hier wohnt der verwöhnteste King Charles
> Spaniel der Welt.
> Ein Haus ohne einen Deutschen Schäferhund
> ist nur ein Haus.
> Ein Leben ohne einen Havaneser ist möglich
> aber sinnlos.

Offenbar vermissen Deutsche, wenn sie mit dem Auto unterwegs sind, vor allem ihren Hund, jedenfalls sehe ich keine vergleichbaren Mitbringsel für zu Hause gebliebene Ehepartner und Kinder. Oder sind die Schilder gar nicht für den Verkauf bestimmt, sondern Teil des Inventars, und stehen für all jene Vierbeiner, die auf der Raststätte ausgesetzt wurden und jetzt hier wohnen?

Ich verlasse mit leeren Händen den Tankstellenshop, flaniere weiter über den sich anschließenden langgezogenen Parkplatz, schnurstracks auf das Iguanodon zu, das in der Ferne hungrig auf mich wartet. Ein gutturales Grundbrummen erfüllt die Luft; es rührt aber nicht vom Verkehr auf der Autobahn her, sondern von den Vierzigtonnern, die auf der linken Seite des Parkplatzes im Fischgrätmuster aufgereiht sind und, vermutlich zur Kühlung von Fracht und Fahrer, ununterbrochen den Motor laufen lassen. Rechter Hand parken die PKWs; in der Mitte verläuft eine spartanische Promenade, ein verdorrter Grünstreifen mit einem Fußweg aus ziegelsteinfarbigen Betonquadern.

Alle zwanzig Meter ist ein Picknickensemble aus Metall in den Boden geschraubt, ein Tisch, zwei Bänke, rot lackiert, doch die meisten sind unbesetzt: Nur ein schmächtiger Trucker sitzt mit nacktem Oberkörper verloren an einem der Möbel, studiert mit zugekniffenen Augen das Display seines Mobiltelefons, die anderen Fahrer haben sich ins Monadendasein ihrer klimatisierten Kabinen zurückgezogen.

Neben den Picknicktischen erheben sich Müllcontainer wie mächtige prähistorische Monolithen, Anstaltsgröße, elfhundert Liter Fassungsvermögen, auf ihrer Vorderseite prangt jeweils ein Warnaufkleber des Bundesministeriums für Ernährung und Landwirtschaft: ein durchgestrichenes Wildschwein, das eine Banane verspeist, daneben (So ist's richtig!) eine Hand, die die Bananenschale in den Abfall befördert. Die Seitenwände sind mit den Aufklebern rivalisierender Fußballvereine dekoriert, wobei Hannover 96, die Nähe zur Landeshauptstadt macht sich bemerkbar, dominiert: »Stadt, Umland und Region sauber halten!«, mahnt ein Sticker, daneben (So ist's falsch!) der durchgestrichene Löwe von Eintracht Braunschweig.

Vor dem Eingang zum Rasthaus parkt ein Schaukelpferd in Form eines Rennmotorrads, mit Beisitzerwagen und der Nummer 8: Hier, denke ich, wird der Nachwuchs schon früh für den brennstoffbetriebenen Individualverkehr angelernt. Der Vogelbeckensaurier, der auf dem Dach darüber thront, soll übrigens keineswegs, wie ich zuerst glaubte, vor dem allfälligen Aussterben der Menschheit warnen (Seht her, wir waren einst die Herrscher der Erde, aber jetzt sind wir tot, und wenn ihr so weitermacht mit eurem fossilen Brennstoffverbrauch, tretet ihr bald in unsere Fußstapfen!). Seine Existenz verdankt sich vielmehr der Tatsache, dass in einem nahegelegenen Steinbruch versteinerte Iguanodonspuren gefunden wurden, eine Unterrichtungstafel weist auf den zugehörigen Dinopark hin.

Die Tür zum Rasthaus steht offen, im Foyer hängt, passend zur Vorzeitechse auf dem Dach, tatsächlich noch ein antiker Münzfernsprecher der Telekom, das Clubtelefon 5 aus den Neunzigerjahren, zahnbelaggrau mit magentafarbenem Designbügel, Einwurf: fünfzehn Cent. Der sich anschließende Merchandise-Bereich ist überschaubar und derzeit menschenleer, kein Wunder: Wer zum Einkaufen Halt gemacht hat, ist wahrscheinlich schon im Tankstellenshop fündig geworden. Unmittelbar dahinter befindet sich rechter Hand der Eingang zum Sanitärbereich, an der Wand gegenüber blinken die obligatorischen Geldspielgeräte.

Der Raum weitet sich nun zu einem überdachten Markt-platz. Rechts wartet die geschwungene Theke eines Free-Flow-Restaurants mit Selbstbedienungstheke, unterteilt in die vier diätetischen Grundpfeiler der deutschen Küche: »Backen – Ko-chen – Braten – kalte Getränke«. Links stehen eine Handvoll Tische, die dem Augenschein nach eher auf kurzes Verweilen ausgelegt sind, hohe, schmale Möbel mit pinöppelförmigen Barhockern, die dahinter liegende Glasfront bietet einen Blick nach draußen, auf eine amphitheaterförmige Terrasse. Gerade-aus, durch eine Luftschleuse, geht es ins Motel.

Dass meine Entscheidung, nach Garbsen Nord zu fahren, goldrichtig war, weiß ich spätestens in dem Moment, als ich mein Zimmer betrete. Über dem Doppelbett prangt nämlich, schwarz auf rosafarbigem Grund, eine gigantische Weltkarte – und in ihrem Zentrum sowie als einziger namentlich gekenn-zeichneter Ort steht groß und deutlich:

**GARBSEN**

Ein Fadenkreuz rahmt den Ortsnamen ein, weiße Linien ver-binden ihn mit Asien, Afrika, Australien, den Amerikas, der Arktis und Antarktis: Garbsen Nord, durchfährt es mich wie eine religiöse Erleuchtung, liegt nicht nur am verkehrstech-nischen Mittelpunkt von Deutschland, sondern geradezu am Nabel der Welt! Mein Omphalos! Mein Delphi!

Ich jubele noch eine Weile delirierend vor mich hin. Dann lasse ich mich aufs Bett fallen und versinke umgehend, ohne die Schuhe auszuziehen, erschöpft von Anreise, Hitze und emotio-naler Überwältigung, in grundwassertiefen Schlaf.

# Was bisher geschah

In den Siebziger- und Achtzigerjahren des vergangenen Jahrhunderts, während meiner überaus wohlbehüteten Kindheit und Jugend am Rand einer überaus besenreinen südwestdeutschen Landeshauptstadt, warnten mich meine Eltern, wie es sich für sorgende Eltern gehört, vor allerhand schlechten Einflüssen. Vor falschen Freunden und Coca-Cola-Konsum. Vor Drogen und dem *Bayernkurier.* Vor Spielzeugpistolen und Feuerwerkskörpern, vor saurem Regen und Ronald Reagan, vor Fernsehserien mit Gewaltdarstellungen und Fernsehschauspielerinnen ohne Bekleidung, vor Orten, die man damals noch *Disko* nannte, und dem, was meine Eltern bis heute *Beat-Musik* nennen. Vor allem aber warnten sie mich vor dem Essensangebot auf deutschen Raststätten.

Ich kann mich nicht erinnern, dass meine Eltern jemals, etwa auf einer Urlaubsreise, mit meinem Bruder und mir eine Autobahnraststätte zum Zweck der Nahrungs- oder Getränkeaufnahme aufgesucht hätten. Eine der meisterzählten Anekdoten meines Vaters drehte sich um einen Heringssalat, der ihm einmal vorgesetzt wurde, als er – ohne Zweifel in höchster Not und aus eklatantem Mangel an Alternativen – ein Rasthaus zur körperlichen Stärkung aufsuchen musste, sowie um die schnippische Antwort des Kellners, die ihm auf seine Beschwerde hin zuteil wurde (»Herr Ober, in meinem Heringssalat ist kein Hering!« – »Da haben Sie Pech gehabt.«). Auch das Tanken erledigten meine Eltern als gute, sparsame Protestanten (sie Schwäbin, er Preuße) meiner Erinnerung nach stets abseits der Autobahn, wo das Benzin billiger war, die Bedienung zuvorkommender, die Welt allgemein freundlicher und schöner.

Anders gesagt: In den Siebziger- und Achtzigerjahren befand sich das westdeutsche Raststättenwesen, obschon noch kein halbes Jahrhundert alt, bereits in der Dekadenzphase.

Dabei hatte alles mit den hehrsten Ansprüchen begonnen. Nichts weniger als »Werke der Kultur« sollten die Rastanlagen sein, die im nationalsozialistischen Deutschland seit Mitte der 1930er Jahre entstanden; so forderte es zumindest der Bauingenieur Fritz Todt, dem als NS-Generalinspektor für das Straßenwesen die Leitung des Reichsautobahnbaus und damit auch der zugehörigen Versorgungsbetriebe oblag.

Zum einen sollten die Anlagen organisch an die Autobahn angegliedert sein – welche ihrerseits, in den Worten Todts, ein »Kunstwerk in der Landschaft« darstellte. Zum anderen sollten sie sich durch eine »klare und würdige Gesamthaltung« auszeichnen, außerdem durch »künstlerische Geschlossenheit der Anlage, neuzeitliche architektonische Durchbildung der Einzelteile unter gleichzeitiger Wiederbelebung gesunder alter Handwerkskunst und sorgfältige Einfügung der Bauten in die umgebende Landschaft«, wie es das publizistische Organ des Generalinspektors, eine Fachzeitschrift mit dem schnörkellosen Namen *Die Strasse,* formulierte.

Natürlich war die Genese des deutschen Raststättenwesens untrennbar mit dem Bau der Reichsautobahnen verbunden: Mit dem von historischen Wegen, Wirtshäusern und Ortschaften weitgehend entkoppelten Straßennetz entstand die Notwendigkeit, neue Gelegenheiten zur Regeneration der Reisenden und ihrer Fahrzeuge zu schaffen. »(E)s treten im Langstreckenverkehr eine Anzahl zusätzlicher Bedürfnisse betrieblicher

Art auf«, heißt es hierzu in *Die Strasse,* »die bei dem langsameren Verkehr auf den bisherigen Reichs- und Landstraßen entweder überhaupt nicht vorhanden waren oder hier in anderer Form befriedigt werden konnten. Für diese betrieblichen Bedürfnisse erfordert die Autobahn eine große Zahl von zusätzlichen baulichen Einrichtungen, deren Bedeutung (…) eigentlich nur da vom Straßenbenutzer richtig erkannt wurde, wo er entsprechende Einrichtungen (…) entbehren musste.«

Als Oppositionspartei hatte die NSDAP jegliche Pläne zur Errichtung eines überregionalen Nurautostraßennetzes bekämpft – aber bereits im Februar 1933, keine zwei Wochen nach der Machtübernahme, verkündete Reichskanzler Adolf Hitler, dass seine Regierung umgehend mit dem Bau eines knapp siebentausend Kilometer umfassenden Streckensystems beginnen werde. Ende August wurde das Unternehmen Reichsautobahnnen ins Leben gerufen, Ende September setzte Hitler den ersten symbolischen Spatenstich für die Strecke zwischen Frankfurt und Mannheim. Drei Jahre danach wurde bereits der tausendste Autobahnkilometer der Öffentlichkeit übergeben. Zu dieser Zeit begannen auch die Arbeiten für die erste Rastanlage: das auf halber Strecke zwischen München und Hitlers Wochenendhof am Obersalzberg gelegene, für knapp zweitausend Gäste ausgelegte und mit eigener Dampferanlegestelle ausgestattete Rasthaus am Chiemsee.

Die Autobahnbauwut der Nationalsozialisten hatte, neben militärstrategischen Erwägungen, wohl nicht zuletzt propagandistische Gründe: Einerseits wollte die Regierung dadurch ihren Fortschrittswillen in Szene setzen. Andererseits sollten durch die Baumaßnahmen Arbeitsplätze geschaffen werden, die Folgen der Weltwirtschaftskrise waren immer noch virulent, etwa sechs Millionen Menschen ohne feste Beschäftigung. Dass bis heute das abgekaute Klischee kursiert, Hitler habe zwar »viel Schlechtes getan«, aber doch immerhin die Autobahn gebaut (so als könnte man Menschheitsverbrechen durch Infrastrukturmaßnahmen aufwiegen), zeigt, wie erfolgreich das Narrativ vom Führer als Verkehrsheilsbringer war.

Auch den Rastanlagen war, neben ihrem praktischen Nutzen, eine ideologische Funktion zugedacht: Sie sollten durch ihre Architektur ein idyllisch-überzeitliches Deutschlandbild vermitteln und zugleich, wie es die Historikerin Claudia Windisch-Hojnacki formuliert, die Besucher »zu Geschmack, Schlichtheit, gesundheitlicher Lebensführung, Kameradschaft und Lebensfreude erziehen«. Das erwähnte Rasthaus am Chiemsee etwa wurde auf Wunsch Adolf Hitlers – der angeblich persönlich mit dem Zeichenstift in die Entwurfspläne eingriff – nach dem Vorbild Chiemgauer Bauernhöfe gestaltet. Einen ersten Entwurf mit Zwiebelturm hatte der Reichskanzler abgelehnt, da er zu sehr an kirchliche Bauten erinnerte.

Im Inneren der Anlagen wurde, passend zur rustikalen Hülle, reichlich naturbelassenes Holz verbaut, die Wände mit Bildern heimischer Maler behängt, das Personal war zum Tragen ortsüblicher Trachten angehalten; ja sogar das Geschirr und die Musikbeschallung sollten auf das »Stammesbild des jeweiligen Gaues« zugeschnitten sein. Dieses Faible für den Lokalbezug lebte interessanterweise nach dem Krieg fort: So forderte ein 1987 veröffentlichtes Grundlagenpapier namens »Die Raststätte der Zukunft«, dass Autobahnraststätten »ein Spiegelbild ihres jeweiligen Umfeldes sein und dessen Kulturgesellschaft und Gastronomie repräsentieren« sollten: »Außen- und Innenarchitektur haben sich harmonisch der Region anzupassen (…). Ein *Shop* offeriert ein reichhaltiges Angebot an Food- und Non-Food-Artikeln mit starker regionaler Prägung.« Von den

Anglizismen einmal abgesehen, könnte die Forderung auch gut aus der Zeitschrift *Die Strasse* stammen.

Mit dem Überfall auf Polen am ersten September 1939 änderten sich allerdings im Deutschen Reich die baulichen Prioritäten: Der Beginn des Zweiten Weltkriegs markierte das Ende des Autobahn- und Rastanlagenbooms. Ab Februar 1940 wurden nur noch im Bau befindliche Anlagen fertiggestellt, die Aktivitäten ansonsten auf die Errichtung kriegsdienlicher Bauten verlagert. 1942 schließlich wurde ein vollständiger Baustopp für die Reichsautobahnen und ihre Nebenbetriebe verhängt. Zu diesem Zeitpunkt existierten in Deutschland achtundzwanzig Rastanlagen, die während der verbleibenden Kriegsjahre vornehmlich zur Versorgung der Wehrwirtschaft oder als Lazarett genutzt wurden.

Aufgrund der deutschen Teilung verlief nach Kriegsende auch die Geschichte der Autobahnraststätten, um im Bild zu bleiben, zweispurig. In der BRD wurde 1951 die bundeseigene Gesellschaft für Nebenbetriebe gegründet: Sie wurde mit fünfzigtausend D-Mark Startkapital ausgestattet, außerdem der Maßgabe, ohne weitere staatliche Hilfen mit dieser Summe zu wirtschaften (eine Tatsache, die den Zustand der westdeutschen Raststätten in den Achtzigerjahren erklären dürfte). In der DDR hingegen wurden die Raststätten ab 1961 von der MITROPA AG betrieben: eines der wenigen ostdeutschen Unternehmen, das nicht in einen »Volkseigenen Betrieb« umgewandelt wurde. Ironie der Geschichte: Während die Raststätten im Westen vom Staat kontrolliert wurden, befanden sie sich im Osten in den Händen einer Aktiengesellschaft.

Was nicht bedeutete, dass die Qualität der dort angebotenen Speisen unbedingt besser gewesen wäre: Der Schriftsteller

Jochen Schmidt, gebürtiger Ostberliner, Jahrgang 1970, erzählt mir, dass die MITROPA-Betriebe in seiner Kindheit und Jugend »schmuddlig und verraucht« gewesen seien: »Wurstsuppe, Soljanka und Bier, schmutzige, weiße Tischdecken. Der Ruf war sicher noch schlechter als bei normalen Gaststätten, aber da war er ja auch nicht gut.« Seine Familie habe bei Urlaubsfahrten aber ohnehin bloß an Rastanlagen gehalten, um das mitgebrachte Picknick zu verzehren, »eigene Stullen und gekochte Eier. Wichtig waren der Zeitungskiosk und der Intershop, wenigstens zum Gucken.«

Die ehemalige MITROPA-Angestellte Christine Lineke, die Ende der Achtzigerjahre als Kellnerin am Rasthof Börde bei Magdeburg arbeitete, bestätigt, dass der Kaffee bei der MITROPA »legendär schlecht« gewesen sei. Aber abgesehen davon habe der Rasthof Börde in der DDR einen grandiosen Ruf genossen: Die Menschen seien aus den umliegenden Dörfern und sogar aus Magdeburg dort hingepilgert, um zu essen und sich »den Wind der Transitstrecke um die Nase wehen zu lassen«. Die Europastraße 30, an welcher der Rasthof lag, war damals die wichtigste Verkehrsverbindung zwischen der BRD und Westberlin.

Tatsächlich sei der Service im Rasthof, erzählt Lineke, außerordentlich gut gewesen. Es sei am Tisch flambiert und »von der Silberplatte von links vorgelegt« worden, Fische wurden vor den Augen der Gäste filetiert, daneben gab es DDR-typische Gerichte wie Steak au four, Rinderroulade mit Klößen, Zigeunersteak mit Pommes. Außerdem natürlich die bereits von Jochen Schmidt erwähnte Soljanka, die von den Gästen aus dem Westen, in Unkenntnis des Gerichts, allerdings in der Regel falsch ausgesprochen wurde: »Was ist denn bitte Sól-janka?«

Wegen ihrer besonderen Lage an der Transitstrecke gab es am Rasthof Börde zwei Restaurantebenen: Die untere war »gemischt«, stand also Gästen aus der DDR und BRD gleichermaßen offen – die obere hingegen war Reisenden aus dem Westen vorbehalten und hatte eine exklusivere Speisekarte. Unter anderem habe es dort Granini-Saft gegeben, erinnert sich Lineke, davon hätten sie, also die Bedienungen, auch mal heimlich genascht, das sei ja »ein absolutes Geschmacksfeuerwerk sondergleichen« gewesen. Außerdem gab es die speziellen Wünsche und Wunschartikulationsweisen der Wessis: »›Ich bekomme eine Fanta!‹ Ich fand das immer so arrogant, was heißt denn: Du bekommst? Du kannst mal fragen, ob du's haben kannst! Dann hab ich gesagt: ›Wir hab'm Brause.‹ Man guckt mich doof an, ich sage: ›Li-mo-na-de.‹ Dann wurde ich verstanden.«

Natürlich war an einem solchen Ort, wo Ost- und Westbürger aufeinandertrafen, auch die Staatssicherheit nicht fern: Manchmal sei einer der Stasimitarbeiter ins Restaurant gekommen und habe sich was zu essen geholt, daran habe man dann erkannt, »das waren immerhin menschliche Wesen«. Insgesamt, so Christine Lineke, sei ihre Zeit als Kellnerin bei der MITROPA aber in Ordnung gewesen – ja in finanzieller Hinsicht sogar »ein Fünfer, Sechser, Siebener im Lotto«. Zum einen war die Bezahlung im DDR-Maßstab vergleichsweise gut, monatlich achthundert Ostmark. »Und jetzt kommt's: Zum Gehalt kam natürlich noch das Trinkgeld dazu, und das absolut Geniale daran war, dass wir das westdeutsche Trinkgeld in sogenannte Forumschecks umtauschen konnten. Damit konnte ich zum ersten Mal in meinem Leben in einen Intershop gehen und hatte mit neunzehn, zwanzig Jahren 'ne Jeansjacke! Das war der Hammer. Und deswegen kam man damals als Gastronom kurz hinterm Rockmusiker.«

Von Raststättenmitarbeitern aus dem Westen sind mir keine vergleichbar euphorischen Erinnerungen bekannt. Zwar hatten die Autobahnnebenbetriebe in der BRD nach Kriegsende einen neuerlichen Bauboom erlebt, Anfang der Fünfzigerjahre stand bereits alle hundert Autobahnkilometer eine Rastanlage. Und Ende der Sechziger kamen kurzzeitig die architektonisch ambitionierten Brückenrasthöfe in Mode, welche die Autobahn selbst zum Schauwert erhoben: Das Rasthaus Frankenwald an der A9 etwa ermöglichte seinen Besuchern einen Panoramablick auf die innerdeutsche Grenze.

Spätestens im Lauf der Siebziger erlosch aber die Begeisterung der Westdeutschen für ihre Rastanlagen. Der Comedy-Schlager »Es gibt Gaststätten, die nie 'nen Gast hätten, es sei denn, sie sind Autobahnraststätten« der Gebrüder Blattschuss brachte die damals geläufigen Frustrationen und Vorurteile auf den Punkt:

> Das Essen kam schon nach eineinhalb Stunden,
> Dementsprechend war es auch kalt,
> Im Rheinwein war mehr Rhein als Wein,
> Der Seniorenteller war schon ziemlich alt.
> Irgendwann kam auch Besteck und die Frage auf,
> Ob das Essen denn zu essen wär?
> Doch wer wie wir schon mal in der Hitparade war,
> Fürchtet sich vor gar nix mehr.

Die Gründe für diesen Glamourverlust sind vielfältig. Ralph Johannes und Gerhard Wölki mutmaßen in ihrem architekturgeschichtlichen Standardwerk *Die Autobahn und ihre Rastanlagen,* dass sie (wie von den Gebrüdern Blattschuss suggeriert) vor allem in der mangelhaften Küche zu suchen seien: Diese sei »größtenteils noch ein Spiegelbild der Gastronomie der fünfziger und sechziger Jahre« gewesen und nicht mit den gestiegenen Ansprüchen einer zunehmend mobilisierten und wohlsituierten Gesellschaft mitgewachsen.

Darüber hinaus dürften aber auch grundlegendere, mentalitätsgeschichtliche Ursachen zum Imagewandel der Autobahnen und ihrer Nebenbetriebe beigetragen haben. Zum einen hatte die Zahl der Unfallopfer auf deutschen Straßen 1970 mit 21 332 Verkehrstoten (Ost und West) ihren traurigen Höchststand erreicht. Zum anderen hatte die Ölkrise von 1973 zu Maßnahmen wie den autofreien Sonntagen und zu postapokalyptisch anmutenden Bildern von leergefegten Autobahnen geführt – Bilder, die dem Architekturhistoriker Erik Wegerhoff zufolge das Ende eines futuristisch-verklärten Autobahnbilds markieren. »Eine Straße, auf der keine Autos mehr fahren, hat ihr Fortschrittsversprechen eingebüßt. Seit der Ölkrise ist die Straße nicht mehr die Straße der Moderne und die Moderne nicht mehr dieselbe.«

Zusammenfassend könnte man sagen: Die Autobahn und die an ihrem Rand beheimateten Raststätten haben im Lauf der Siebzigerjahre ihre Unschuld verloren. Die Versprechen der Nachkriegsmoderne klangen zunehmend blechern, scheppernd und hohl wie ein frisierter Mofamotor.

Um dem weiteren Niedergang des Rastanlagenrufs entgegenzuwirken, wurde 1987 das erwähnte Konzept zur »Raststätte der Zukunft« vorgestellt: Es setzte einerseits auf althergebrachte Strategien wie den Regionalbezug, sah andererseits aber auch anglophone Neuerungen wie eine *Lounge,* einen *Shop,* eine *Bar* sowie eine *Free-Flow*-Zone vor, in der sich die Gäste, frei zwischen Thekenstationen und Buffetinseln flottierend, selbst mit Nahrung versorgen durften.

Auch die Raststätte Garbsen Nord wurde zur Wendezeit im Sinne dieser *Service-Philosophie* umgebaut. Wie beim Rasthof Börde war das Restaurant hier ursprünglich horizontal geteilt: Das obere Stockwerk war betuchteren PKW-Inhabern vorbehalten, tiefgepolsterte Sessel luden zu ausdauerndem Verweilen inklusive fakultativem Alkoholkonsum ein. Das Erdgeschoss hingegen war in ländlichem Stil gehalten und beherbergte den Gastraum für die Fernfahrer: Die sozialen Schichten waren also auch räumlich abgebildet. Anfang der Neunziger wurde diese Trennung aufgegeben, seitdem herrscht hier die Egalität des Selbstbedienungssystems. Ein Plakat, das damals die Wiedereröffnung annoncierte, hängt noch heute im Verwaltungstrakt und zeugt von der Aufbruchstimmung jener Zeit sowie der Reimfreude der damaligen Pächter:

> Hier wird heute renoviert
> was Sie morgen interessiert
>
> Wir expandieren
> Sie profitieren
>
> NUR NICHT HASTEN
> AUCH MAL RASTEN

Und das wohl unvermeidlichste Wortspiel für alle Werbebelange am Straßenrand:

> Wir bauen ein neues Rasthaus, auf das Sie
> abfahren werden!

Abgefahren fanden die grundrenovierte Raststätte nicht zuletzt die MITROPA-gewöhnten Gäste aus dem Osten. »So etwas haben wir bei uns noch nicht gesehen«, diktierte ein Ehepaar aus Ostberlin einem Reporter der *Westdeutschen Allgemeinen* angesichts des lukullischen Speiseangebots, das ihm in Garbsen Nord entgegenschlug, ins Notizbuch. »Wen wundert's?«, sekundiert der Journalist: »Selbst das Auge des werbeerprobten ›Wessis‹ kann sich kaum vom farbenprächtigen Buffet losreißen, das, geschickt plaziert, zum Zugreifen animiert.«

Die Wiedervereinigung, die solche ergreifenden Momente möglich machte, führte schließlich auch zum Beitritt der ostdeutschen Tank- und Rastanlagen: Im Sommer 1994 erwarb die – mittlerweile in eine Aktiengesellschaft umgewandelte und in Autobahn Tank & Rast AG unbenannte – einstige Gesellschaft für Nebenbetriebe sämtliche an ostdeutschen Autobahnstrecken gelegenen Betriebe der MITROPA. Der Kapitalismus hatte gesiegt, die Weltgeschichte war, einem vielzitierten Essay des Politikwissenschaftlers Francis Fukuyama zufolge, zu Ende. Vier Jahre später wurde die Tank & Rast im Glauben an die wundersamen Kräfte des freien Marktes privatisiert; mittlerweile gehört dem Unternehmen ein Großteil der gesamtdeutschen Anlagen, insgesamt über vierhundert Raststätten und fast ebenso viele Tankstellen.

Etliche der ostdeutschen Rastanlagen sind seitdem verschwunden: Ein Großteil des Rasthofs Börde wurde Ende der Neunzigerjahre im Zuge der Fahrbahnerweiterung der A2 abgerissen. Und die Raststätte Rodaborn an der A9, welche für sich in Anspruch nimmt, die »erste Autobahnraststätte der Welt« zu sein, verlor Anfang des neuen Jahrtausends ihre Konzession und ist mittlerweile durch einen übermannshohen Metallzaun vom danebenliegenden Parkplatz abgetrennt. Die Besitzer tragen seitdem einen (medial breit rezipierten und bisweilen als »Bratwurststreit« titulierten) juristischen Konflikt mit dem Land Thüringen aus: Ungeachtet mehrerer Gerichtsurteile versorgen sie weiterhin Reisende mit Rostbratwürsten, verkaufen Getränke über den Zaun – und verstehen sich, wenn man dem Plakat folgen mag, das an der autobahnzugewandten Seite des Hauses hängt, als historische Nachfolger der West-Sektoren während der Berlin-Blockade. »Ihr Völker der Welt, schaut auf dieses Haus!«, steht dort in Anlehnung an das berühmte Zitat von Ernst Reuter.

Allerdings gibt es in der Geschichte der ostdeutschen Rastanlagen nicht nur Brüche, sondern auch (teilweise bizarre) Kontinuitäten. Die an der A4 zwischen Thüringen und Hessen gelegene Grenzübergangsstelle Wartha zum Beispiel wurde Ende der Neunziger zum Rasthaus Eisenach Nord umfunktioniert: Die Lichtmasten, welche einst die Nacht zum achttausend Watt hellen Tag machten, wachen immer noch über das Areal, im ehemaligen Führungspunkt der Grenztruppen befindet sich heute ein Bistro mit Panorama-Café.

Der ehemals wichtigste Übergang an der A2 – der Kontrollpunkt Helmstedt auf westdeutscher sowie die Grenzübergangsstelle Marienborn auf ostdeutscher Seite – dient hingegen mittlerweile als Gedenkstätte. Das Areal ist so weitläufig, dass Pässe und andere Ausweisdokumente mithilfe eines Förderbands vom Abfertigungsbereich in die Kontrollbaracke transportiert wurden. Neben den bernsteingelb leuchtenden Hallen zur Fahrzeugabfertigung gab es die obligatorische Wechselstube, eine Veterinärstation, eine Leichenhalle, eine Garage für Tiefenkontrollen, außerdem eine sogenannte Gamma-Kanone, die Fahrzeuge heimlich mit Cäsium-137 beschießen konnte, um sie auf blinde Passagiere zu durchleuchten.

Neben der Gedenkstätte erhebt sich heute ein Rastanlagenneubau im Pavillonstil, in dessen Shop auf eher verklärende

Weise der DDR gedacht wird. In einem Regal am Eingang hängen rote Hosenträger mit Hammer und Sichel, Fahrzeugaufkleber mit SED-Emblem stehen zum Verkauf. Es gibt Tassen mit der Aufschrift »Held der Arbeit«, Tassen mit einer Abbildung des Trabant 601 sowie Tassen mit dem wehmütig-vermenschlichenden Schriftzug »DDR * 1949–1989 † Ich war dabei!«. Es gibt Plüschkissen in Herzform, die sich der geneigte Trabbifahrer auf die Hutablage legen kann: »Mein Herz schlägt immer noch für die DDR.« Und zur körperlichen Stärkung sind zwischen all den Devotionalien stapelweise Zetti Schlagersüßtafeln aufgeschichtet: früher ein Schokoladenersatz, der vom VEB Rotstern in Saalfeld hergestellt wurde und sich dem Vernehmen nach dadurch auszeichnete, dass er keinen Krümel Kakao enthielt.

Obwohl ich auf Autofahrten immer Heißhunger auf Süßzeug bekomme und kulinarischen Grenzerfahrungen gegenüber grundsätzlich aufgeschlossen bin, kaufe ich, als ich der Raststätte auf halber Strecke zwischen Berlin und Garbsen Nord einen Besuch abstatte, dann doch keine Zetti. Gut möglich, dass der Geschmack der Tafel – ähnlich dem Aroma der Madeleines in Marcel Prousts *Auf der Suche nach der verlorenen Zeit* – bei seinen Konsumenten zuckersüße Erinnerungen an die DDR wachruft.

Aber erstens war ich ja nicht dabei. Zweitens ist mir angesichts der geschichtsverbrämenden Fetischobjekte der Appetit vergangen. Und drittens gehören Substitutionssüßwaren zu jenen Lebensmitteln, vor denen mich meine Eltern, fürsorglich wie sie waren, früher immer gewarnt haben.

# Honigtau

Beim Aufwachen merke ich, wie kalt mein Motelzimmer ist, die Klimaanlage läuft auf Hochtouren. Wegen der Jahrhundertsommerhitze, die draußen bollert? Oder weil Kälte die Ausbreitung von Gerüchen reduziert, weshalb man ja auch Rotwein, der zu wünschen übrig lässt, am besten eisgekühlt serviert? Trotz der subarktischen Temperaturen drängt sich mir jedenfalls der Gedanke auf, dass das Rauchverbot im Zimmer, obwohl es auf einem herumliegenden Zettel deutlich und in vier Weltsprachen ausbuchstabiert wird und mit fünfhundert Euro Geldstrafe bewehrt ist, nicht von allen Gästen und zu jeder Zeit superstrikt eingehalten wird.

Auf der Habenseite ist mein Zimmer überraschend ruhig, ich habe geschlafen wie ein Murmeltier; die A2 ist allenfalls als fernes, meeresbrandungsähnliches Hintergrundrauschen zu erahnen. Alle Fenster gehen nach Norden, zur autobahnabgewandten Seite des Gebäudes. Von meinem Bett aus kann ich einen Essigbaum sehen, in seinen Ästen balzt unbeirrt ein Amselmännchen.

Als ich das Badezimmer betrete, habe ich ein Déjà-entendu-Erlebnis, das ich aber nicht sofort zuordnen kann: Wo habe ich das kaum wahrnehmbare Geräusch, das meine Schuhe auf den Bodenfliesen verursachen, schon einmal gehört? Erst nachdem ich eine halbe Minute wie ein hospitalisierter Panther mit schief gelegtem Kopf im Bad auf und ab gegangen bin, springt die Erinnerung aus einer Tiefenschicht meines Gedächtnisses hervor: Das Geräusch erinnert mich an das leise Ziepen und

Schmatzen der Sohlen, wenn man an einem heißen Sommermorgen unter Lindenbäumen spazieren geht. Wenn das Pflaster feucht ist vom Honigtau, also den Ausscheidungen der in den Linden beheimateten Blattläuse. Wenn die Sandalen aufgrund des Sonnentaus am Boden haften bleiben, nicht spürbar, aber doch hörbar, zumindest ganz kurz.

Zumindest für die Träger sehr feiner Ohren.

Ich verlasse das Motel und studiere – einer alten lesehungrigen Gewohnheit folgend – die Schriftzüge, die auf den Abdeckplanen und Stoßstangen der herumstehenden LKWs prangen. Der erste, für mich überraschende Befund: Der in meiner Kindheit und Jugend populäre, ja geradezu klassisch zu nennende Aufkleber »Damen aufgepasst! Meiner ist 18 Meter lang« scheint vollständig von deutschen LKW-Hinterteilen verschwunden zu sein. Sollte der feministische Diskurs mittlerweile auch bei den Speditionsunternehmen und Fernfahrern angekommen sein? Oder hat sich herumgesprochen, dass in all den Jahren keine einzige Dame positiv oder auch nur milde beeindruckt auf den fraglichen Sticker reagiert hat?

Was ich stattdessen sehe: einen Lastkraftwagen mit niederländischem Kennzeichen, der vermutlich Schnittblumen geladen hat, vielleicht aber auch die Erinnerung an einen afroamerikanischen Bürgerrechtler, jedenfalls prangt zwischen den Blumen, die auf den Hänger gemalt sind, das Konterfei von Martin Luther King, dazu sein Zitat: »I have a dream«.

Ich sehe einen Getränkelieferanten, der aber zu meiner Genugtuung nicht als profaner Getränkelieferant firmiert, sondern als »Bierverleger«. Dass der Inhaber des LKWs literarisch interessiert ist, davon zeugt auch der Paarreim darunter: »Unser Lieblingssport / Ist Biertransport«, vier astreine Jamben mit

Auftakt – hier wird die klassische Verslehre noch ernst genommen!

Ich sehe eine Stoßstange mit dem charmant selbstverklärenden Aufkleber »Berufskraftfahrer: weil Superheld keine offizielle Bezeichnung ist«.

Ich sehe einen Vierzigtonner, auf dessen Rückseite der Slogan »Stolzer Sponsor der Bundesrepublik Deutschland« prangt, und freue mich ein paar sonnige Sekunden lang über den soliden Verfassungspatriotismus – bis mir klar wird, dass der Spruch ironisch gemeint sein muss, als Seitenhieb auf die 2005 in Kraft getretene LKW-Maut.

Ich sehe schließlich einen Schwertransporter, bei dessen Besitzer der Dritte-Welle-Feminismus dann doch noch nicht hundertprozentig angekommen zu sein scheint, das Foto auf der Lasterflanke zeigt eine leichtbekleidete Frau, die sich mit drei Schoßhunden im Bett wälzt, den neben ihrer Matratze stehenden Wecker ignoriert sie geflissentlich. *Příběhy našich postelí vytváříte Vy*, verkündet der dazugehörige Werbeslogan: »Die Geschichten unserer Betten schreiben Sie selbst.«

Für den Fahrer des Transporters ist das Bett jedenfalls schon Geschichte, er hält eine elektrische Zahnbürste aus dem Beifahrerfenster, gießt aus einem Plastikkanister einen Schwall Wasser darüber, dann streckt er seinen Schädel hinterher und kippt sich den restlichen Inhalt über Haare und Gesicht. Er schüttelt den Kopf wie ein nasser Pudel und verschwindet im Innern der Kabine. Ich höre das Seufzen der hydraulischen Bremse, das Abhusten des Dieselmotors, dann setzt sich der Laster mitsamt Betten, Frau und Schoßhunden in Bewegung. Zurück bleibt nur eine Lache mit Wasser und Zahnpastaresten auf dem sommerlich heißen Asphalt.

# Schlüsselfigur

Auf meiner Wunschliste mit Personen, die ich während meines Aufenthalts in Garbsen Nord unbedingt treffen und sprechen will, steht Marc Münnich ganz oben. Münnich, muss man wissen, ist der Betreiber der Anlage. Der Pächter, hätte man früher gesagt; der Franchisenehmer, sagt man heute. Auf jeden Fall eine Schlüsselfigur. Ich warte in der unteren Ebene des Restaurants auf ihn.

Als Münnich die Treppe aus dem Obergeschoss heruntergeschlendert kommt, erkenne ich ihn sofort, obwohl ich keine Ahnung habe, wie er aussieht: Sein Habitus, seine Hexis, seine ganze Haltung verraten einen Mann, der hier zu Hause ist, der jeden Kubikzentimeter dieses Raumes kennt, er nimmt die Stufen mit der Nonchalance eines Entertainers, der die Showtreppe im TV-Studio heruntergeht. Der Franchisenehmer ist vielleicht Ende vierzig und gekleidet wie ein Dressman aus dem Manufactum-Katalog: weißes Hemd mit Stehkragen, dunkelblauer Pullover, beige Chinos, schwarze Lederslipper, alles sehr *casual,* auf unaufdringliche Weise edel. Das dunkle Haar trägt er kurz und nach hinten gekämmt, an den Seiten läuft es in schmale Koteletten aus, Kinn und Wange sind auf souveräne Weise unrasiert. Ein geflochtenes türkisblaues Bracelet am rechten Handgelenk verleiht ihm eine sachte aussteigerhafte Note, die Anmutung eines Mannes, der Verantwortung für hundertzwanzig Mitarbeiterinnen und Mitarbeiter hat, aber mit allen per Du ist.

Tatsächlich ist Münnich, wie sich herausstellt, nachdem wir uns zum Gespräch niedergelassen haben, bereits Autobahngastronom in dritter Generation. Schon seine Großeltern väterlicherseits waren Raststättenpächter, betrieben in den Fünzigerjahren die Raststätte Frechen westlich von Köln. Münnichs Vater arbeitete dort zunächst als Betriebsleiter, machte sich dann Mitte der Siebziger selbständig und zog nach Garbsen Nord, wo die Familie erst einmal in einem der Hotelzimmer auf der Rastanlage wohnte, der Sohn war damals fünf Jahre alt. Aus diesem Provisorium zog die Familie in die Pächterwohnung, die sich in dem Anbau hinter dem Restaurant befand, Münnich deutet nach oben. Anfang des neuen Jahrtausends übernahm er schließlich den elterlichen Betrieb, hat nun selbst drei Kinder, zwischen vierzehn und neunzehn Jahre alt.

An seine Kindheit an der Autobahn hat Münnich – für mich als Waldorfkindergarten-und-Waldrand-Kind eher überraschend – durchweg glückliche Erinnerungen. Mit leuchtenden Augen berichtet er davon, wie er einmal dem Küchenchef der Raststätte beim Kochen helfen wollte und in einem unbeobachteten Moment einen Spielzeugeimer voll Sand und Steinen in den Zuber mit dem Eintopf kippte – das Essen wurde danach, wie Münnich mir glaubhaft versichert, nicht mehr serviert. Oder davon, wie er einmal im Alter von sechs Jahren mit seinem Fahrrad über den Beschleunigungsstreifen der Autobahn geheizt sei. Oder, wie er die Abkürzung über die A2 genommen habe, um auf der anderen Seite im Blauen See schwimmen zu gehen – aber damals habe es noch keine Mittelleitplanke gegeben und die Autobahn sei noch zweispurig gewesen, prähistorische Zeiten: »Das würde ich heute keinem mehr empfehlen, die Geschwindigkeiten sind so hoch. Wenn Sie ein Auto auf der dritten Spur kommen sehen und loslaufen, schaffen Sie es nicht bis zur Leitplanke.«

Natürlich gab es in Münnichs Kindheit und Jugend auch weniger spektakuläre Momente, es war nicht alles Autobahnparcours und Steinsuppe. Garbsen Nord, so erzählt er mir, sei die erste Autobahnraststätte mit Kinderspielecke gewesen, im Restaurant im Obergeschoss, wo sich einst der Gastraum für die gehobenen Klassen befand. Dort habe er nach der Schule immer gesessen und seine Hausaufgaben gemacht. Und dann seien immer vorbeireisende Eltern mit ihren Kindern gekommen, mit denen er gespielt habe – die seien aber alle nach einer Dreiviertelstunde wieder gegangen. »Und dann habe ich da allein gesessen und auf neue Kinder gewartet.« Das klinge vielleicht ein bisschen traurig, beeilt Münnich sich, die Erinnerung aufzuhellen – das sei es für ihn aber überhaupt nicht gewesen, »sondern abwechslungsreich! Wild!«.

Das Adjektiv erscheint mir in diesem Zusammenhang zwar etwas weit hergeholt – aber möglicherweise, denke ich, hat die Erfahrung ständig variierender Spielpartner Münnich früh gelehrt, mit unablässig wechselnden Situationen und Kunden umzugehen. Er ist derjenige, der bleibt. Die Gäste kommen und gehen.

Mit sechs Jahren, so Münnich, habe er seine ersten kaufmännischen Schritte gemacht. Einmal am Wochenende, die Eltern lagen noch im Bett, das Fahrradfahren auf der Beschleunigungsspur war womöglich bereits tabu, habe er sich einen Eimer, einen Schwamm, einen Scheibenabzieher und eine Bierkiste geschnappt, sei damit auf den Parkplatz vor der Raststätte marschiert und habe alle ankommenden Autofahrer gefragt, ob er bei ihnen die Scheiben putzen dürfe; die Bierkiste brauchte er, um an die Frontscheibe ranzukommen. Von den meisten Fahrern kassierte er ein Trinkgeld, zehn Pfennig, zwanzig, manchmal auch fünfzig – nur von den Sportwagenfahrern habe er nichts genommen, die mussten sich auf andere Weise revanchieren. Er sei so ein bisschen sportwagenverrückt gewesen, erzählt Münnich, deswegen habe er zu denen immer gesagt: »Du musst nicht bezahlen. Aber ich stelle mich dahinten hin«, gemeint ist das jenseitige Ende des Parkplatzes, »und wenn du an mir vorbeifährst, kannst du dann richtig Gas geben? Das kribbelt so schön in meinem Bauch.« Münnich lacht; er lässt gerne unvermittelt ein generöses Lachen ertönen, das aber auch abrupt wieder verschwinden kann und einer großen, in seiner Absolutheit jugendlich anmutenden Ernsthaftigkeit weicht.

Es folgten im Werdegang: ein Sommerjob als Würstchenverkäufer auf dem Raststättenparkplatz. Abitur und Wehrdienst. Ein Studium an der Werbefachschule in Dortmund. Die Einsicht, damit möglicherweise doch nicht die Straße zum Traumjob eingeschlagen zu haben (»Ich hatte keine Lust, für den Rest meines Lebens Schweinebauchanzeigen für eine Dorfzeitung zu texten«). Ein Orientierungsgespräch mit dem Vater, eine weitere Ausbildung, diesmal zum Hotelkaufmann – und schließlich die Rückkehr auf den elterlichen Hof. Am Tag der Währungsumstellung war es so weit, die D-Mark ging, der Euro kam, und auch in Garbsen Nord fand ein Wechsel statt: Marc Münnich übernahm die Raststätte von seinen Eltern.

Gab es so etwas wie eine feierliche Übergabe, ein Weiterreichen des Staffelstabs?

Münnich denkt nach, schaltet in den Ernsthaftigkeitsgang; er wirkt für seine sonst eher ausgelassenen Verhältnisse einen Moment lang ausgesprochen bekümmert.

»Eigentlich nicht«, sagt er schließlich. Das sei so ein bisschen ein wunder Punkt, eigentlich habe man eine Feier machen müssen, um damit auszudrücken, guck mal hier, die Eltern gehen in den Ruhestand und der junge Franchisenehmer kommt. Aber eine solche Feier habe es nie gegeben. Natürlich sei es für seine Eltern schwierig gewesen, nach so vielen Jahren loszulassen. Aber so, wie er sich sein Verhalten rückblickend erkläre, habe er ihnen die Emotionen, die es bei so einer Verabschiedung unvermeidlich gegeben hätte, ersparen wollen. »Ich wollte auch die Tür nicht ganz zumachen. Mein Vater kommt nach wie vor einmal die Woche vorbei und trinkt einen Kaffee oder geht durch den Betrieb und denkt an alte Zeiten. Er ist natürlich operativ komplett raus. Aber es gibt ein paar alte Mitarbeiter, mit denen er dann ein Schwätzchen hält, und da wird er dann immer noch ein bisschen als der Seniorchef behandelt.«

Mittlerweile ist Münnich junior nicht nur für Garbsen Nord zuständig, er betreibt auch die Kompaktanlage jüngeren Datums auf der gegenüberliegenden Seite (die folgerichtig Garbsen Süd heißt), außerdem eine weitere Raststätte Richtung Dortmund mit dem malerischen Namen Schafstrift: »Ein ganz kleiner, schnuckeliger Betrieb«, sagt Münnich, ich sehe unwillkürlich Heidschnucken über den Parkplatz zuckeln.

Sie rupfen hier und da ein Hälmchen, das zwischen den Bodenplatten hervorsprießt. Sie blöken leise den vorbeidonnernden Vierzigtonnern hinterher … aber insgeheim ahne ich doch, dass die Realität eine andere ist, dass auch auf der Raststätte Schafstrift der Boden nicht mit Heidekraut, Wacholder und Lammkötteln bedeckt ist. Da sich die Namen deutscher Raststätten fast durchweg auf alte Orts- und Flurbezeichnungen beziehen, klingen sie oft trügerisch naturnah:

Buckowsee
Hansens Holz
Hochwald

Knauheide

Osterfeld

Wonnegau

Insgesamt fällt es mir nicht ganz leicht, Marc Münnichs Anekdoten über das idyllische Leben auf der Raststätte mit dem aktuellen Blick aus dem Panoramafenster in Einklang zu bringen. So erzählt der Betreiber von einem Brautpaar, das auf dem Weg in die Flitterwochen just auf Höhe von Garbsen Nord von Müdigkeit oder Lust übermannt wurde, das daher spontan beschloss, sich für die anbrechende Hochzeitsnacht im Motel einzuquartieren, und das, Ehrensache, zur Feier des Abends eine Flasche Champagner aufs Haus und Zimmer bekam. Er erzählt von einem Trompeter, der zum Dank für den guten Service kurzerhand sein Instrument ausgepackt und für Mitarbeiter und Reisende im Rasthaus ein Ständchen geblasen habe. Er erzählt von einem deutschen Countrysänger – Mensch, wie hieß der noch?, mit so einer ganz dunklen Stimme, »Hey Boss, ich brauch mehr Geld« – genau: Gunter Gabriel, der habe zeitweilig, als es ihm finanziell wirklich nicht gut ging, auf dem Campingplatz gegenüber am Blauen See gehaust und sei zum Frühstücken immer in die Raststätte gekommen.

Er erzählt zu guter Letzt von jenem eisigen Weihnachtsabend, an dem um die achtzig Autofahrer wegen Fahrbahnglätte auf der Raststätte strandeten, mit eilig im Obergeschoss aufgeschlagenen Feldbetten, Decken, Tee und einem Christbaum versorgt wurden und schließlich gemeinsam mit der Pächterfamilie einen ganz und gar besinnlichen Heiligen Abend an der Autobahn verbrachten.

Je länger wir reden, desto mehr habe ich das Gefühl, dass es sich bei Garbsen Nord gar nicht um einen Nebenbetrieb im Sinne von § 15 Bundesfernstraßengesetz handelt, sondern eher um den Nordhof von Bullerbü, um Katthult in Lönneberga oder eine andere wildromantische Örtlichkeit aus dem Astrid-Lindgren-Kosmos. Das soll nicht heißen, dass Marc Münnich irgendetwas erfindet – es zeigt aber doch, dass er in einer völlig anderen kognitiven Seifenblase lebt als ich. In einer Sphäre, in die nur die allerwenigsten Raststättengäste Einblick haben.

Natürlich kennt der Franchisenehmer alle Vorwürfe, die an Autobahnraststätten und ihre Betreiber gerichtet werden, aus dem Effeff, er ist ein geschmeidiger Typ, kritische Fragen pariert er mit der Finesse eines Florettfechters. Warum sind die Waren, Speisen, Getränke hier so teuer? »Weil unser Sortiment ganz speziell ist. Wir werden dreimal die Woche angefahren, ganz gezielt mit unseren Produkten.«

Aber … müssten die Preise nicht sogar günstiger sein, weil Raststätten doch besser an das Fernstraßennetz angeschlossen sind als so ziemlich jeder andere Ort dieser Welt? Weil die Lieferanten ohnehin hier vorbeikommen? »Im Gegenteil: Wir sind schwieriger zu versorgen als Betriebe in der Innenstadt, weil wir außerhalb liegen und Vollsortimentler sind.«

Wie steht er zu den Toilettengebühren, die seit einigen Jahren – zum Unmut zahlreicher Kunden – von der Firma Sanifair auf den meisten Raststätten, so auch in Garbsen Nord, erhoben werden? »Ich weiß doch, wie das bei mir in der Familie ist: Wehe, ich fahre in eine Autobahnraststätte, wo kein Sanifair ist! Da geht meine Frau nicht auf die Toilette. Sanifair ist echt ein Garant dafür, dass ich picobello saubere Toiletten habe.«

Aber, Hand aufs Herz: Stört es ihn nicht, dass Autobahnraststätten im Allgemeinen einen eher, wie soll ich sagen, suboptimalen Ruf haben? Ach, Münnich winkt souverän ab, als würde ihn solche Kritik wirklich überhaupt nicht schmerzen, vielleicht hat er sie auch einfach schon ein paar tausend Mal zu oft gehört: Der Mensch an sich sei vermutlich einfach nörglerisch veranlagt. Er wertet solche Vorwürfe weniger als Indiz für mangelnde Qualität, sondern hält sie für eine anthropologische Konstante: Wahrscheinlich, mutmaßt er scherzend, hätten schon die Urmenschen in ihrer Höhle gesessen und sich beschwert, dass bei den Nachbarn immer das Mammutfleisch kalt sei. (Münnich liebt diese tiefenzeitlichen Vergleiche: Später wird er mir erzählen, dass das Iguanodon, dessen Fußstapfen hier gefunden wurden, nur deswegen verendet sei, weil es keine adäquate Nahrung gefunden habe. »Hätte es damals schon Raststätten gegeben, würden die Dinosaurier noch leben.«)

Nein, die Frage, die ihn wirklich beschäftige, erklärt der Betreiber, sei diese: Warum habe die Eingangstür zur Raststätte überhaupt ein Schloss? Das sei überflüssig. Hier sei nämlich immer offen. Er wisse noch nicht einmal, wo sich der zugehörige Schlüssel befindet, »seitdem ich in diesem Betrieb bin, war diese Tür noch nie abgeschlossen.«

Damit benennt Münnich, vermutlich unbewusst, ein grundlegendes Merkmal der spätkapitalistischen Gesellschaft: Schließlich zeichnet sich diese gerade durch das Prinzip der ständigen Bereitschaft aus, durch Nonstop-Betrieb, die Möglichkeit zur ununterbrochenen Teilnahme an wirtschaftlichen Austausch- und Zirkulationsprozessen. Der Raststättenbetreiber hat diese 24/7-Mentalität längst verinnerlicht und ist damit, wenn man so will, ein prototypisches spätkapitalistisches Subjekt: Er ist immer erreichbar, hat sein Handy vierundzwanzig Stunden am Tag eingeschaltet, sieben Tage die Woche, auch am Wochenende, auch im Urlaub. Seit beinahe zwanzig Jahren.

In der alten Pächterwohnung hinter dem Restaurant wohnen er und seine Familie zwar nicht mehr – sie sind aber gewissermaßen in Rufweite geblieben: Von Zuhause aus könne er den Verkehr auf der A2 hören, sagt Münnich, im Notfall sei er im Zündschlüsselumdrehen da. Und wenn er abends einschlafe und dabei die Autobahn höre, dann finde er das wunderschön. Es sei ein gutes Gefühl, wenn es rauscht, das bedeute nämlich: Die Autobahn fließt, und die Gäste kommen vorbei. »Und, wenn wir Glück haben, auch rein.«

Im autobahnabgewandten Gebäudeflügel, wo einst der Wohntrakt war, befindet sich heute Marc Münnichs Büro. Wir lassen die geleerten Kaffeetassen stehen, steigen die Showtreppe nach oben und machen zum Schluss einen Abstecher ins Allerheiligste.

Unzählige Paar alter Skier dekorieren die Bürowände, auf dem Schreibtisch liegt ein Fußball, rechts daneben parkt, mitten im Zimmer, ein ausrangiertes Karussellpferd sowie ein antiquarischer Motorroller: Münnichs erste eigene Vespa. Das Herzstück des Büros, ja womöglich der gesamten Anlage befindet sich aber in der mächtigen Vitrine, welche die Wand gegenüber dem Schreibtisch ausfüllt. Zwischen Schrift- und Erinnerungsstücken, einem Exemplar des Bürgerlichen Gesetzbuchs, diversen Sportwagenmodellen sowie einer Miniaturausgabe des Trabant 601 holt Münnich ein Buch hervor, dessen Anblick mein Akademikerherz höher schlagen lässt.

Eine Kladde im Prachtformat, ledergebunden. Der Umschlag wölbt sich, und als ich das Buch behutsam öffne, weiß ich auch, warum: Zwischen die Seiten wurden unzählige Fotos und Autogrammkarten geklebt; alles, was in der Bundesrepublik Rang und Namen hatte, auf vier Rädern unterwegs war und schreiben konnte, hat sich hier verewigt. Fußballmannschaften auf dem Weg zum Auswärtsspiel. Politiker. Prominente. Sowie nicht zuletzt immer wieder Musiker, die, wie es das

Rock'n' Roll-Klischee besagt, *on the road* waren. Literaturwissenschaftliche Erregung packt mich, als hätte ich gerade das verschollene Werk des Aristoteles über die Komik entdeckt.

Es handelt sich um das Gästebuch von Garbsen Nord.

## Liebe Chefin
## Frau Anne Kathrin

Jeder, der sich schon mal in einem Gästebuch verewigen musste, weiß um die Schwierigkeiten, die der erforderte Eintrag an den Autor beziehungsweise die Autorin stellt. Bereits das Verb *verewigen,* das in diesem Kontext gern verwendet wird, lässt den Anspruch und Druck erahnen, der auf dem oder der Verfassenden lastet: Der zu schreibende Gebrauchstext ist notgedrungen eine literarische Momentaufnahme – er soll aber auch in Jahrzehnten noch rezipiert werden können.

Die Abfassung eines Gästebucheintrags zu verweigern, ist schlechthin unmöglich, die Frage der Inspiration also zweitrangig. Wer einen Wälzer, wie ich ihn gerade in Händen halte, vor sich liegen hat, muss schreiben – und zwar besser schnell, da die Erwartungshaltung an den Text proportional zur verstrichenen Zeit wächst: Wer zehn Minuten lang mit dem Kuli in der Hand meditiert und dann doch nur ein blasses »Danke & bis zum nächsten Mal!« zustande bringt, riskiert nicht nur seinen Ruf als Autor, sondern auch als Mensch.

Zieht man all diese Widrigkeiten in Betracht, haben sich die im Folgenden zitierten Politiker, Künstler und Prominenten mehr als achtbar aus der Affäre gezogen. Die Ausschnitte stammen allesamt aus dem Gästebuch von Garbsen Nord. Das Werk, einst von den Eltern Münnich begonnen und herausgeberisch betreut, wird nicht mehr fortgeführt. Es handelt sich um ein Zeitdokument von unschätzbarem historischem Wert.

Immer wieder schön. Dank für die Gastlichkeit.

*2.11.74. Herbert Wehner.*[1]

8.3.77

Tournee »Udo Live 77«

*W. Grägel*

*Sigi Uebelherr*

*[unleserlich]*

*[unleserlich]*

*Udo*[2]

1 Ja, Herbert Wehner, damals Vorsitzender der SPD-Bundestagsfraktion, setzt tatsächlich gegen alle grammatikalischen Gepflogenheiten hinter seinen Namen einen Punkt. Als könnte danach nichts mehr kommen; als handelte es sich bei »Herbert Wehner« um einen letztgültigen, nicht zu widerlegenden Satz. Dies ist umso bemerkenswerter, als der gefürchtete Rhetoriker Wehner im Bundestag nicht nur für seine Schimpfwörter (»Übelkrähe«, »Düffeldoffel«), sondern auch für seine eminent langen und verschachtelten Sätze bekannt war.

2 Es handelt sich natürlich um Udo Jürgens, der damals mit der Platte *Meine Lieder 77* unterwegs war. Die beiden Erstunterzeichner sind Udos langjähriger gitarristischer Begleiter Walter Grägel sowie der Bassist Siegfried Uebelherr; die anderen Unterschriften sind beim besten Willen nicht zu entziffern, es liegt aber nahe, dass es sich um die übrigen Mitglieder der Tourband handeln muss. Insgesamt zeugt die schwungvoll-routinierte Schludrigkeit der Handschriften sowie die Tatsache, dass Gitarrist Grägel seinen Vornamen abkürzt, von einer Band, die schon seit Längerem unterwegs ist und die Übung des Gästebucheintrags öfters absolvieren musste. Der Einzige, der wirklich leserlich schreibt, ist interessanterweise Udo. Hier zeigt sich, dass es eine weise Entscheidung des Sängers war, für seine Karriere den *nom de plume* »Udo Jürgens« oder eben schlicht »Udo« anzunehmen: Sein bürgerlicher Name »Jürgen Udo Bockelmann« wäre deutlich schwieriger zu signieren.

Im Falle solchen Falles, heißt's:

Dankeschön für alles!

*Uwe Seeler*

*10.11.79*[3]


Die Raststätte mit den besten Süßspeisen!!

Vielen Dank – ich liebe Süßes!

*Herzlichst Alfred Biolek*

*Bio*

*7.8.80*[4]


Danke für den guten Pudding!

*Alfred Biolek*

*Bio*

*3.4.81*[5]


3 Der dreifache Fußballer des Jahres und Ehrenspielführer der deutschen Natio-
nalmannschaft war Anfang der Siebziger selbst Pächter einer Tankstelle,
dürfte sich also auf Garbsen Nord ganz zu Hause gefühlt haben. Grapholo-
gisch interessant ist, dass Uwe Seeler seinen Vornamen in nicht weniger als
fünf Kringelchen, in winzigen Kugelschreiberpirouetten auslaufen lässt.
Vermutlich äußert sich hier dieselbe Spielfreude, mit der Seeler auf dem Feld
seine Gegner austanzte.

4 Ein Ritterschlag: Schließlich gilt Biolek als gestandener Gourmet und sollte
später mit *Alfredissimo* das Fernsehformat der Kochsendung in Deutschland
populär machen. Bioleks Handschrift ist elegant, selbstbewusst – erstaunlich
ist nur, dass er dem eigenen Namen noch sein TV-Kürzel »Bio« hinterher
schiebt. Als hätte er Sorge, dass man ihn sonst nicht erkennt.

5 Bios Marotte mit der doppelten Namensnennung bleibt bestehen. Ebenso
seine Vorliebe für Ausrufezeichen und Süßspeisen.

1.5.81

(erster Mai, April vorbei)

Mahlzeit!

*Gebr. Blattschuss*[6]


ALLZEIT GUTE FAHRT!

*Euer*

*Jonny Hill*

*KM 330*

*13.5.92*[7]

---

6  Die Gebrüder Blattschuss waren, wie erwähnt, eine in den späten Siebziger- und frühen Achtzigerjahren populäre Musik-Comedy-Gruppe, zu ihren Gründungsmitgliedern zählten Jürgen von der Lippe und Hans Werner Olm. Der knappe kulinarische Gruß, den sie 1981 nebst Autogrammkarte in Garbsen Nord hinterließen, ist insofern bemerkenswert, als die Gruppe nur ein Jahr später den bereits anzitierten und bis heute wohl despektierlichsten Song deutscher Zunge über die Raststättengastronomie veröffentlichten, das Lied mit dem ebenso sprechenden wie epischen Titel »Es gibt Gaststätten, die nie 'nen Gast hätten, es sei denn, sie sind Autobahnraststätten«. Die dritte Strophe lautet: »Die Raststätte war, bei Neonlicht beseh'n, / So gemütlich wie 'ne Punk-Diskothek / Und ein pappiges Stück Fleisch mit 'ner Olive drauf / Hieß in der Karte ›Italienisches Steak‹ / Speisereste in Mayonnaise / Serviert man als ›Waldorfsalat‹ / Hamburger gibt's auch, das sind so'ne Buletten / Die der Koch persönlich flachgetreten hat.« Besonders pikant in unserem Zusammenhang ist, dass der Chef der besungenen Raststätte in der letzten Strophe mit einer einschlägigen Bitte an die Band herantritt (und sie dabei auch noch mit den Komikerkollegen von Insterburg & Co. verwechselt): »Wir wollten grade geh'n, als der Geschäftsführer kam / Mit den Worten: ›Halt, sitzen bleiben! / Sie sind doch die Insterburgs! Jetzt müssen Sie / Noch was Nettes ins Gästebuch schreiben!‹« Die Raststätte, welche die Gebrüder Blattschuss hier durch den Kakao ziehen, ist freilich fiktiv – Ähnlichkeiten mit real existierenden Nebenbetrieben an der Autobahn wären reiner Zufall.

7  Ein weiterer Star der Siebziger-, Achtziger- und (bei großzügiger Auslegung des Star-Begriffs) frühen Neunzigerjahre. Dass auch der österreichische

Liebe Chefin Frau Anne Kathrin!

Immer muß ich was schreiben, nie werd ich mit

meinen Freunden eingeladen. Das ist sehr gemein.

Sonst war aber alles O. K. und der Matjes war auch

sehr rosa. Jetzt fällt mir leider nichts mehr ein

*Fiele Grüsse*
*Dein Klaus*[8]

Sänger Jonny Hill sich im Garbsener Gästebuch eingetragen hat, ist mehr als passend, war er doch einer der wichtigsten Vertreter der deutschsprachigen Country-Musik mit Autobahnthematik. Seinen größten Hit hatte er mit der rührseligen Trucker-Ballade »Ruf Teddybär eins-vier«, in der ein LKW-Fahrer einem jugendlichen CB-Funker den schönsten Tag seines Lebens bereitet: »Ich war seit fast acht Stunden schon auf der Autobahn / War ganz kurz vor meinem Ziel und hielt mich mächtig ran / Die Sonne, sie stand schon sehr tief, als ich zur Ausfahrt kam / Der Diesel dröhnte neben mir, mein Funkgerät war an / Als daraus die Stimme eines kleinen Jungen kam / Er sagte nur: Kanal eins-vier, ist hier irgendwer? / Wenn, dann ruf mich doch zurück und sprich mit Teddybär.« Ab 1989 moderierte Jonny Hill im Privatfernsehen eine Musiksendung namens *Kilometer 330*, auf die er in seinem Eintrag anspielt. Dass die Sendung nur wenige Monate nach seinem Besuch in Garbsen Nord eingestellt werden sollte, konnte er wohl noch nicht ahnen.

8 Lage. Ohne Datum, aber die großen Erfolge des Rocksängers – »1000 und 1 Nacht« (1984) sowie »Faust auf Faust« (1985) – dürften, der Position des Eintrags im Gästebuch nach zu urteilen, zur Zeit der Abfassung bereits ein paar Jahre zurückliegen. Interessant ist, dass Klaus Lage als Einziger der hier zitierten Autoren explizit die eigene Schreibsituation thematisiert, sein Eintrag stellt mithin eine metaliterarische Reflexion über das Ins-Gästebuch-schreiben-Müssen dar. Dies zeigt sich nicht zuletzt in der Form: Gegen Ende des Textes ändert sich mit einem Mal die Handschrift, passend zur kindlichen Trotzhaltung (»Immer muß ich was schreiben«) verwendet Lage die Schulaus-gangsschrift, wie sie bis Ende der Sechzigerjahre in Westdeutschland gelehrt wurde. Der Gästebucheintrag katapultiert den Sänger also, bewusst oder unbewusst, zurück auf die Schulbank; der Erwachsene wird wieder zum Kind, das einen Aufsatz schreiben muss, obwohl ihm partout nichts zum vorgegebenen Thema einfällt. Noch nie wurde das tragische Dilemma des Gästebuch-schreibenden treffender charakterisiert als in diesem Eintrag im Gästebuch Garbsen Nord von Klaus Lage.

# Sagt die Rechte Hand

Nie werde sie ihren ersten Arbeitstag vergessen, sagt die Rechte Hand, und ihre Augen blicken erstaunt, als könnte sie bis heute nicht fassen, wie sie hierhergekommen ist, in dieses Büro hinter der Tankstelle in Garbsen Nord, vor sich ein Schreibtisch, auf dem man Tischtennis spielen könnte, zu ihrer Linken ein Tresor mit den Ausmaßen eines amerikanischen Kühlschranks, ich sitze ihr gegenüber, Raststättenbetreiber Münnich konnte mich zu guter Letzt doch noch vom Gästebuch seiner Eltern loseisen.

Sie sei hier an der Kasse gestanden, fährt die Rechte Hand fort und gestikuliert in Richtung des Tankstellenshops, und da sei ein Bus mit Chinesen oder Japanern gekommen, genau wisse sie das nicht, jedenfalls hätten die alle nur Englisch gesprochen. Und die hätten ein bisschen mit Dollar bezahlt, ein bisschen mit D-Mark, das habe man dann alles in der Kasse umrechnen müssen, und das sei überhaupt nicht ihres gewesen, alles zu kompliziert. Sie wolle nicht sagen, dass sie schüchtern sei, aber sie sei schon eine sehr ruhige Person. Abends habe sie jedenfalls zu ihren Eltern gesagt: Nein, das mache ich nicht. Da gehe ich nie wieder hin.

Sie habe das ja überhaupt nicht gelernt, Hotelfachfrau oder Systemgastronomin, was es heute so gibt, sie sei Bäckereifachverkäuferin. Eigentlich wollte sie nach der Ausbildung ein bisschen relaxen, faulenzen, nix machen – aber das habe es halt damals nicht gegeben, dass man mal ein Jahr ins Ausland geht oder was anderes macht, für ihre Eltern habe festgestanden: Wenn die Ausbildung beendet ist, muss sofort weitergearbeitet werden. Und dann sei damals in der *Umschau* hier in Garbsen, so ein Anzeigenblatt, eine Stelle an der Raststätte ausgeschrieben gewesen, und ihr Vater habe da angerufen und gesagt: Morgen hast du einen Termin. Dreizehn Uhr, Familie Münnich. Wie gesagt, sie habe dann einen Tag lang hier gearbeitet und danach gesagt, nie wieder – aber letztendlich sei man dann doch geblieben, die Rechte Hand sagt manchmal *man,* wenn sie sich meint. Das sei nun schon über dreißig Jahre her.

Der zweite Tag sei dann schon ein bisschen entspannter gewesen, und sie habe sechs Dollar Trinkgeld bekommen, fünf davon habe sie ihrem Sohn geschenkt, als Glücksbringer, aber den Ein-Dollar-Schein habe sie immer noch, der hänge bei ihr an der Pinnwand. Wegen der Kinder sei sie zwischendurch mal kurz weg gewesen, aber ansonsten immer an der Autobahn geblieben, und sie habe sich hochgearbeitet. Erst Kasslererin, Spät-Früh, Spät-Nacht, dann eine Art Abteilungsleiterin; später habe ihr Chef, Herr Münnich, ja noch die anderen Raststätten und Tankstellen übernommen, und da habe er sie gefragt, ob sie seine Rechte Hand werden möchte, sie malt eine Pirouette in die Luft, als könnte sie nur so das Hin und Her, das bewegte Leben an der Autobahn begreiflich machen. Betriebsleiterin, schiebt sie erklärend hinterher.

Sie sei gerne im aktiven Betrieb draußen, sagt die Rechte Hand. An der Tankstelle jetzt ein bisschen weniger, aber in der Gastronomie, da plane sie sich auch mit ein, stehe mit vorne an der Front, obwohl die Rechte Hand überaus friedfertig wirkt, sagt sie tatsächlich *Front*. Verkaufe Kaffee, schmiere Brötchen, sie sei nicht der typische Schreibtischmensch, der nur hinter den Zahlen sitzt. Und als Betriebsleiterin an der Autobahn habe man alles, man habe den Einkauf, man habe die Mitarbeiter, man sei im Büro, man könne sich auch mal zurückziehen, und man habe die Gäste. Da gebe es liebe Gäste, nette Gäste, tolle

Gäste, und da gebe es natürlich schon auch mal Gäste, wo man sage: Puh (sie sagt: Puh). Sie mache ganz viel aus dem Bauchgefühl heraus, sagt die Rechte Hand, sie sage sich, so wie sie behandelt werden möchte, so behandele sie auch den Gast. Man müsse einfach mit den Menschen umgehen können, auch wenn sie zickig seien, man selber sei ja auch mal zickig, sagt die Rechte Hand, wir seien ja alle nur Menschen. Dann gebe es auch mal Mord- und Totschlag. Das gehöre dazu.

Sehr angenehm im Umgang seien die Holländer. Die meckerten nicht, die schimpften nicht, die seien immer gut drauf, überhaupt: ausländische Gäste. Die würden gut verzehren, die hätten Zeit und seien nicht so gestresst. Die Deutschen seien die Gestresstesten, am Schwierigsten seien die Fußballfans, vor allem, wenn sie richtig böse alkoholisiert seien, die Rechte Hand sagt *richtig böse,* aber sie sagt es richtig lieb, was mich vermuten lässt, dass auch böse Alkoholisierte bei ihr auf Verständnis rechnen können.

Apropos Liebe: Der Hammer seien die ersten Love Parades in Berlin gewesen. Wenn die Leute da hingefahren oder zurückgekommen seien, da hätten sie hier Party auf den Parkplätzen gehabt, sagt die Rechte Hand, meint mit *sie* aber natürlich nicht die Mitarbeiterinnen, sondern die Gäste. Die seien hier im Koma gelegen, sagt sie, und sie, damit meint die Rechte Hand jetzt doch die Mitarbeiterinnen, seien mit belegten Brötchen auf die Parkplätze gegangen und hätten die verkauft. So was mache Spaß.

Und ein besonderes Erlebnis sei gewesen, als sie die Grenze aufgemacht hätten, sagt die Rechte Hand und meint jetzt mit *sie* weder die Raver noch die Raststättenbediensteten, sondern das Politbüro der SED. Sie, also die Pächter der Raststätte und ihre Angestellten, hätten in Garbsen Nord gerade umgebaut und bloß ein Provisorium stehen gehabt, wirklich nur eine

Holzhütte, und dann seien sie, also die Bürger der DDR, scharenweise gekommen, das könne man sich nicht vorstellen, was die verbraucht hätten: Unmengen an Bananen und Brötchen. Sie, also die Angestellten, seien freiwillig zwei Stunden früher zur Arbeit gekommen, um das alles zu bewältigen, und sie, also die DDR-Bürger, hätten ja auch so komisch gesprochen: *Soljanka. Broiler.* Sie, die Mitarbeiter, hätten sich dann manchmal einen Spaß gemacht und gesagt: Gibt's bei uns nicht, also bei ihnen, im Westen. Das sei schon eine besondere Zeit gewesen.

Hin und wieder, sagt die Rechte Hand, würden auch mal prominente Gäste vorbeikommen. Der Sigmar Gabriel esse hier immer seine Gulaschsuppe. Die Merkel sei mal drüben auf der Südseite gewesen, der Pierre Littbarski, der sei alt geworden. David Hasselhoff habe hier auch mal Halt gemacht. Aber sie hätte lieber Robbie Williams kennengelernt.

Einmal war immerhin Kai Pflaume da, mit seinem Wohnwagen, für seine Fernsehshow *Nur die Liebe zählt,* der sei damals noch ganz jung gewesen, sagt die Rechte Hand, und so ein bisschen ihr Schwarm. Da sei er vor ihr an der Kasse gestanden, sagt die Rechte Hand und zeigt auf die Wand Richtung Kasse, und sie so: Oh! Und dann habe sie sich das T-Shirt ausgezogen, also nicht an der Kasse, sondern hier hinten im Büro, und habe zu einer Auszubildenden gesagt: Weißt du was? Du nimmst jetzt mein T-Shirt und gehst raus zum Kai Pflaume, der soll das bitte unterschreiben. Und du kommst nicht ohne Unterschrift zurück. Das T-Shirt habe sie immer noch zu Hause. Ungewaschen. Irgendwo im Keller.

Manchmal komme ein Liebesbrief, das hätten sie auch schon gehabt: Ihre Mitarbeiterin am Montag um dreizehn Uhr hat mich so nett bedient, können Sie bitte mal sagen, wer das ist? Darauf gebe sie natürlich keine Auskunft, sagt die Rechte Hand, aber den fraglichen Brief habe sie weitergegeben, und dann habe die Mitarbeiterin selbst Kontakt aufgenommen, und sie, also die Rechte Hand, glaube, die habe den dann auch geheiratet, die Mitarbeiterin den Liebesbriefschreiber, habe mit ihm in Berlin ein Kind bekommen. So was gebe es auch, dass sich Gäste in Mitarbeiter verlieben oder Mitarbeiter in einen Gast, Mitarbeiter untereinander. Gebe es auch.

Ehepartner seien hier in Garbsen Nord noch nie stehen gelassen worden, also, dass ein Mann seine Frau vergessen hätte oder umgekehrt: Nein. Aber einmal sei, glaube sie, ein Kind hier vergessen worden, ein Baby, in der Babyschale. Da habe man natürlich die Polizei gerufen, sagt die Rechte Hand und meint mit *man* entweder sich oder eine andere Mitarbeiterin, aber die Eltern seien schon von selbst wieder zurückgekommen.

Auch Flixbus vergesse hier öfter mal seine Gäste. Letzte Woche hätten sie so einen Fall gehabt, ein junges Mädchen, total aufgelöst, und die konnte nur Englisch. Da hätten sich dann ein paar Gäste drum gekümmert und gesagt, sie fahren eh Richtung Berlin, und hätten sie mitgenommen, das sei halt der Nachteil bei Flixbus, da sei nichts versichert. Bei einem Reisebus zähle man durch, zack, zack, zack, fünfzig Gäste, alle sind da, wir fahren weiter, Flixbus hafte für nichts. Auch nicht für deinen Koffer, sagt die Rechte Hand, meint damit aber natürlich nicht meinen Koffer, sondern Koffer ganz allgemein, sei sonst aber nicht schlecht, Flixbus, sie habe es gemacht. Nach Dortmund gefahren. Alles super.

Insgesamt, sagt die Rechte Hand, sei die Arbeit an der Autobahn schon ein Knochenjob. So wie heute, an der Raststätte Auetal sei die Toilette defekt gewesen, also seien alle hierhergekommen, es sei voll, mehr Personal sei aber im Moment nicht verfügbar, weil man *es,* also diesen Zustand, nicht geplant habe, oder wenn es mal einen Unfall gebe und die Autobahn sei gesperrt. Natürlich gehe dann hier die Tür auf, deswegen stünden dann aber keine zehn zusätzlichen Mitarbeiter parat. Und der Ton unter den Gästen werde insgesamt rauer. Die seien ja auch gestresst, sagt die Rechte Hand, das könne sie verstehen, wenn man ein paar Stunden auf der Autobahn steht, die Kinder plärren, man muss auf die Toilette, man hat Durst, immer mehr Unfälle, die ganzen LKWs, und die Staus seien ja auch extrem auf der A2, das sei mit den Jahren immer schlimmer geworden.

Dieses ständige Rauschen der Autobahn. Das, sagt die Rechte Hand, störe sie überhaupt nicht. Normalerweise habe sie im Büro immer Musik an, das Erste, was sie morgens einschalte, sei das Radio, dann könne sie am besten arbeiten, sie höre alles, quer durch den Garten. Das sei noch ein altes Radio, so ein Kasten von früher, gehörte ursprünglich den Eltern Münnich, No-Name, man könne eigentlich gar nicht mehr sehen, was für ein Sender da eingestellt sei. Aber die Autobahn höre sie trotzdem, sagt die Rechte Hand, trotz Radio. Immer.

Wenn das nicht mehr wäre, sagt die Rechte Hand, dann sei es, glaube sie, vorbei.

# Sanifair Millionär

Obwohl ich einer der wenigen Reisenden in Garbsen Nord sein dürfte, der über den Luxus eines eigenen Badezimmers verfügt, statte ich gleich am ersten Tag meines Aufenthalts jenem Ort einen Besuch ab, der für viele Besucherinnen und Besucher vermutlich den Hauptgrund ihres Aufenthalts darstellt, ja ohne den eine Raststätte schlechthin nicht zu denken ist: dem öffentlichen Sanitärbereich. Seine Reinigung obliegt, wie erwähnt, der Tank & Rast-Tochter Sanifair.

Bei den Hochsicherheitstoiletten dieses Unternehmens muss der oder die Notdürftige bekanntlich vor Betreten einen bestimmten Betrag bezahlen – darf dafür aber einen Wertbon in Empfang nehmen, der später bei sogenannten Einlösepartnern gegen Nahrung, Getränke, Schlickerzeug et cetera eingetauscht beziehungsweise auf deren Kaufpreis angerechnet werden kann. In Garbsen Nord bezahlt man aktuell für den Toilettengang siebzig Cent; fünfzig davon erhält man in Form dieser Kryptowährung zurück. Zwangsumtausch zum Kurs von 1:1,4.

Die Logik dahinter ist relativ leicht durchschaubar: Der Kunde beziehungsweise die Kundin soll einerseits das Gefühl erhalten, für den Toilettengang so gut wie nichts bezahlt zu haben (Was sind schon zwanzig Cent?). Andererseits soll er oder sie durch den Wertbon zum anschließenden Einkauf in der jeweiligen Raststätte verführt werden, was auf den ersten Blick ein gutes Geschäft sein mag (Die fünfzig Cent würden ja sonst verfallen!), bei näherer Betrachtung aber vermutlich vor allem dem Gewerbetreibenden nützt, da man selbst bei kleinsten Einkäufen noch etwas obendrauf legen muss (Was bekommt man schon für fünfzig Cent?).

Branchenschätzungen zufolge generiert jeder Sanifair-Bon knapp dreieinhalb Euro Umsatz, weil viele Reisende nach dem Toilettenbesuch einfach irgendetwas kaufen, nur damit die fünfzig Cent nicht ungenutzt bleiben. Und sollte es tatsächlich noch irgendwelche verlorenen Seelen geben, welche die Logik des Sanifair-Bons nicht verinnerlicht haben, so werden sie im schönsten Kasernenhofton an ihre Pflichten als kapitalistische Subjekte erinnert: »Wert-Bon einlösen!«, kommandieren meist in der Nähe des Ausgangs angebrachte Hinweisschilder.

So weit, so fragwürdig, das Thema wurde schon von etlichen Kolumnisten und Kabarettisten bearbeitet und darf alljährlich zur Sommerreisezeit in keinem Leitmedium als Aufreger fehlen. Das Hauptproblem besteht meines Erachtens allerdings nicht darin, dass man für den Toilettengang bezahlen muss – das war und ist bei der klassischen Toilettenfrau beziehungsweise dem Toilettenmann mit dem notorischen Kleingeldtellerchen auch so. Das Hauptärgernis besteht darin, *wie* und *wann* das Geld abkassiert wird. Die anonyme Vorkasse am Drehkreuz bedeutet eine Perpetuierung, Profanierung und Fordisierung dieses einstmals auratisch aufgeladenen, ja heiligen Vorgangs.

## Perpetuierung

Das Schöne am Toilettengang ist ja die Vorstellung, dass damit eine Sache, und sei sie noch so alltäglich, zu einem guten Ende gebracht wird. Mit der Defäkation beziehungsweise dem Urinieren ist der Stoffwechselvorgang, der einige Stunden zuvor mit der Nahrungs- und Getränkeaufnahme seinen

Anfang genommen hat, abgeschlossen: Das Essen ist verdaut, die Nährstoffe entzogen, nun muss nur noch der Körper entleert werden – aus dem Darm, aus dem Harnrohr, aus dem Sinn.

Das Sanifair-System macht diese schöne Illusion zunichte, da es qua Voucher zur neuerlichen Feststoff- oder Flüssigkeitszufuhr verführt. Noch bevor der Notdürftige überhaupt einen Fuß in die Toilette gesetzt hat, tritt er durch den Erhalt des Wertbons, ob er will oder nicht, in einen konsumistischen Teufelskreis ein: Er hat sich noch nicht entleert und soll sich schon wieder auffüllen. Auf die Exkretion folgt die Konsumtion folgt die Exkretion folgt die Konsumtion folgt die … Das Rad darf niemals stille stehen.

## Profanierung

Darüber hinaus stellt die Sanifair-Toilette die über Jahrhunderte bewährte und durch Tradition geheiligte Hierarchie zwischen Kunde und Dienstleister auf den Kopf. Während beim traditionellen Raststättenklo nämlich der Exkrement zuerst sein Geschäft verrichtet und dann am Ausgang bezahlt (oder gegebenenfalls, etwa bei unbefriedigenden hygienischen Zuständen, auch nicht), muss der Sanifair-Kunde die Nutzungsgebühr entrichten, bevor ihm der Zutritt zum Allerheiligsten gewährt wird. Die moralische Schranke, die früher die Reinigungskraft mit ihrem Obolusteller einnahm, erledigt heute auf physisch-profane Weise das Drehkreuz.

Anders gesagt: Der Bezahlvorgang bei der althergebrachten Toilette ähnelt der Kollekte am Ende eines Gottesdienstes – die Vorkasse bei der Sanifair-Toilette hingegen erinnert eher an den Eintritt zu einem Spaßbad: Man weiß nicht genau, wofür man bezahlt; aber man hofft, dass es irgendwie toll werden wird.

## Fordisierung

Drittens und letztens erhält der Klogang im Zeitalter von Sanifair eine unverhohlen fordistische Komponente. Bei der klassischen Tellertoilette kam gewissermaßen alles aus einer Hand: Dieselbe Extremität, die zuvor die Emaillebecken geschrubbt hatte, nahm hernach auch das Geld entgegen. Anhänger der Psychoanalyse werden sich an Sigmund Freuds metaphorische Engführung von Gold und Kot erinnern: »Es ist bekannt«, schreibt er, »daß das Gold, welches der Teufel seinen Buhlen schenkt, sich nach seinem Weggehen in Dreck verwandelt.« Die klassische Toilettenperson machte diesen anal-alchemistischen Vorgang auf magische Weise rückgängig: Sie verwandelte die Scheiße wieder in Geld.

Bei der Sanifair-Toilette sind diese beiden Vorgänge (Exkrementbeseitigung und Geldentgegennahme) wie weiland in Henry Fords Automobilfabriken säuberlich voneinander getrennt: Die zu entrichtende Gebühr wird von einem anonymen Münzschlitz entgegengenommen; eine reinigende Hand bekommt man als flüchtiger Kunde kaum je zu Gesicht. Tatsächlich wird inzwischen nicht nur die Geldentgegennahme, sondern auch die Reinigung der Toilettensitze häufig von einer Maschine übernommen, welche die Klobrille in eine hypnotische Drehbewegung versetzt. Man muss gestehen: Die Maschinen machen das nicht schlecht. Wenn eines Tages Künstliche Intelligenzen die Weltherrschaft übernehmen, wird es immerhin überall auf der Erde saubere Toiletten geben …

Das sind so Gedanken, die mir durch den Kopf plätschern, während ich das Drehkreuz der Toilette in Garbsen Nord passiere, brav wie ein Pawlow'scher Hund den Wertbon zur weiteren Verwendung in die Brieftasche stecke und dabei einen Ohrwurm der Indiepopgruppe Blond vor mich hin summe:

> Sanifair Millionär, Sanifair Millionär
> Sanifair Millionär hat den Highway-Flair!

Die Toilette selbst ist tatsächlich, wie von Raststättenbetreiber Münnich anmoderiert, picobello. Wenn mein Besuch dennoch nur mäßig erfolgreich verläuft, dann deshalb, weil ein überraschend ausbrechendes Pointenfeuerwerk mich vom Kerngeschäft ablenkt. In den Rand der Pissoir-Schüsseln ist nämlich jeweils auf Solarplexushöhe ein Bildschirm integriert, auf dem die Slogans eines Anbieters von Fahrradheckträgern in Dauerschleife laufen; von jenen (hoho) *Ständern* also, mit denen man sein Rad am (haha) *Hintern* des Autos befestigen kann. Eine Kombination, die offenbar unbegrenztes Potenzial für anzüglich-suggestive Witze bietet.

»Vorne sind Sie ja gut ausgestattet … aber wie sieht es am Heck aus?«, fragt mich der Bildschirm, während ich am Hosenknopf nestele, weiße Sans Serif auf signalrotem Grund.

»Sie brauchen wohl viel Platz … um alles zu verstauen?«, legt er wenige Sekunden später nach, ich versuche gerade, den Reißverschluss zu öffnen.

»Erinnert Sie das auch irgendwie … an den Ölwechsel?«, versucht es der Bildschirm ein weiteres Mal, ich bin mittlerweile, um es im Kita-Jargon meines Sohnes zu sagen, am Schlüppi angelangt.

Ich versuche, das Pointendisplay zu ignorieren, lasse den Blick an der Wand nach oben wandern; dort prangt ein Werbeplakat der Bundeswehr, das sich ebenfalls trefflich ins sanitär-genitale Ambiente fügt: »Gas – Wasser – Schiessen«, steht auf camouflagegrünem Grund: »Handwerker gesucht.«

Ich fühle mich mit einem Mal merkwürdig mechanisch, auf eine seelenlose Mensch-Maschine reduziert. Als wäre mein Körper eine hydraulische Gerätschaft, bei der man bloß unten Öl ablassen und oben freche Werbesprüche nachfüllen muss, um den Karren am Laufen zu halten. Unverrichteter Dinge packe ich meine Werkzeugwasserrohrschießgewehrgashahn-fahrradfrontständerölablassschraube wieder ein.

Kann man denn nirgendwo in Ruhe pinkeln?

# Die dunkle Seite
# des Mondes

Wenn man sich über die Bezahlschranke auf deutschen Rast-
stättenaborten ärgert. Wenn man nicht versteht, warum man
als Reisender überhaupt für ein so grundlegendes menschliches
Bedürfnis wie den Toilettengang Geld abdrücken sollte. Wenn
man sich ganz allgemein fragt, warum die Waren und Dienst-
leistungen auf deutschen Raststätten so teuer sind, wohin die
Abermillionen, die hier umgesetzt werden, eigentlich fließen
und weshalb die deutschen Autobahnraststätten seit ihrer Privatisierung für die öffentliche Hand ein Minusgeschäft sind –
und wenn man sich auf die Suche nach jemandem begibt, der
sich mit diesen Fragen auch schon beschäftigt, ja der womöglich sogar ein paar Antworten parat hat: Dann trifft man früher
oder später auf Victor Perli.

Perli ist Abgeordneter der Partei Die Linke und hat sich als
Mitglied des Haushaltsausschusses immer wieder kritisch mit
der Privatisierung der deutschen Raststätten, der Quasi-Mono-
polstellung der Tank & Rast AG sowie den Uriniergebühren
von Sanifair auseinandergesetzt. Gibt man seinen Namen zusammen mit dem Stichwort *Raststätte* bei einer Internetsuch-
maschine ein, so erscheint bei ziemlich jedem Treffer der Ausdruck *Abzocke*. Als ich die vom Bundesverkehrsministerium
veröffentlichten Antworten auf Perlis Anfragen zum Thema
studierte (»Sehr geehrter Herr Kollege, Ihre Frage Nr. 472/
Juli ...«), konnte ich mich des Eindrucks nicht erwehren, dass
er den dort zuständigen Staatssekretären mächtig auf die Ner-

ven fällt. Und als ich schließlich erfuhr, dass Victor Perli im vergangenen Jahr Strafanzeige gegen Bundesverkehrsminister Andreas Scheuer gestellt hat, war der Fall für mich klar: Mit dem Mann muss ich reden!

Kurz vor meiner Abreise nach Garbsen Nord, an einem blendenden Sommertag, traf ich ihn zum ideologischen Vorglühen in seinem Abgeordnetenbüro in Berlin, im dritten Stock des Jakob-Kaiser-Hauses, unmittelbar an der Spree.

Braune Haare, Seitenscheitel, ein breites Cheshire-Katzen-Lächeln, akkurat gestutzter Vollbart: Auf den ersten Blick wirkt Victor Perli keineswegs wie der Extremist, als den ihn manche politischen Gegner gern sehen wollen, sondern auf legere Weise gutbürgerlich. Mit seiner dunkelblauen Jeans, dem Rundkragenpulli und der dickrandigen Brille könnte er auch gut als Geschäftsführer eines Familienunternehmens im Ostharz durchgehen – was er, huch!, auch mehrere Jahre lang war. Nach der Wende eröffneten seine Eltern das erste italienische Restaurant in den neuen Bundesländern, sein Vater ist Italiener, die Mutter Niederländerin, er selbst hat drei Staatsbürgerschaften: »Ich bin«, sagt Perli, »quasi ein europäisches Werk.«

Die Zuckertütchen mit Fotomotiven aus Südtirol, die er bei unserem Gespräch zum Kaffee kredenzt, zeugen, wie ich vermute, von der väterlichen Herkunft – die weitere Ausgestaltung des Büros erinnert dann aber schnell daran, dass wir nicht bei Perlis Pasta Mia in Quedlinburg sitzen: Das Sitzkissen ist mit einem Rosa-Luxemburg-Zitat bestickt, über dem Sofa hängt ein zusammengenageltes A aus gelben Holzlatten, Symbol der Proteste gegen das Atommülllager Asse II. Daneben eine Reihe von Plakaten:

#unteilbar

Samstags gehört Vati mir!

Make Art
Not War

Außerdem ein offiziös aussehendes Schild, der Bundesadler, die Bundesfarben, daneben der Schriftzug:

Bundesminister für Verkehr, Verstaatlichung
und digitale Infrastruktur

Äh ... Verstaatlichung? Perli lacht: Das Schild sei eigentlich als Geschenk für Verkehrsminister Andreas Scheuer von der CSU gedacht gewesen, weil der den Autobahnmautbetreiber Toll Collect in die öffentliche Hand genommen habe. Als aber bekannt wurde, dass diese Verstaatlichung nur ein Mittel zum Zweck war, um die Kosten der PKW-Maut schönzurechnen, sei ihnen die Lust zum Scherzen vergangen.

Okay, wir sind mitten im Thema.


Wir erinnern uns: Die Tank & Rast AG ging kurz nach der Wende aus dem Zusammenschluss der westdeutschen Gesellschaft für Nebenbetriebe sowie der Ostdeutschen Tankstellengesellschaft und der MITROPA hervor. 1998 wurde die Gesellschaft privatisiert und in eine GmbH umgewandelt, federführend bei diesem Prozess war CDU-Verkehrsminister Matthias Wissmann. Die Verträge unterzeichnen durfte freilich, zwei Tage nach Amtsantritt, sein Nachfolger Franz Müntefering: Ausgerechnet jener Sozialdemokrat, der die deutsche Idiomatik um den Begriff *Heuschrecke* (für einen besonders gierigen Finanzinvestor) bereichert hat, verwandelte einen Staatsbetrieb zu Fluginsektenfutter.

Der Bund veräußerte die Tank & Rast damals für umgerechnet sechshundert Millionen Euro. Nur sechs Jahre später ging sie für den doppelten Preis an einen windigen Londoner Investor, der dem Unternehmen hohe Schulden aufbürdete, sich selbst fürstliche Sonderdividenden ausschüttete und die Tank & Rast nach erfolgtem Abnagen für den nochmals verdoppelten Kaufpreis weiterveräußerte. Inzwischen gehört das Unternehmen, das etwa fünfundneunzig Prozent aller deutschen Raststätten verpachtet, einem internationalen Konsortium, welches unter anderem aus einem Tochterunternehmen der Allianz-Versicherung, einem kanadischen Pensionsfonds und dem Staatsfonds von Abu Dhabi besteht.

Die neuen Eigner zahlten für das Dienstleistungsimperium angeblich dreieinhalb Milliarden Euro, die Preissteigerung seit der Privatisierung beträgt mithin ungefähr sechshundert Prozent. Nicht schlecht für ein Unternehmen, das nach allem, was man hört, hoffnungslos überschuldet ist.

Sehr schlecht hingegen für alle Menschen, die nicht Anteilseigner der Tank & Rast sind, meint Victor Perli: Aus seiner Sicht ist diese Geschichte »ein Beispiel dafür, dass es bei Privatisierungen viele Leidtragende und nur ganz wenige Profiteure gibt«. Da auf dem Konzern laut letztem Geschäftsbericht Verbindlichkeiten in Höhe von über fünf Milliarden Euro lasteten, würden die Gewinnerwartungen gnadenlos nach unten durchgereicht: von der Tank & Rast an die Franchisenehmer, und von diesen an die Mitarbeiter und Kunden. Sinn und Zweck der ganzen Sache sei, dass möglichst viel Geld herausgeholt, an die Eigner verteilt und die Tank & Rast »auf Sparflamme gefahren wird«.

Die ersten Leidtragenden dieses Systems, erklärt Victor Perli, seien die Beschäftigten, die im Einstiegsbereich oft nur ein paar Cent über dem Mindestlohn bekämen – selbst bei Perlis Pasta Mia im beschaulichen Quedlinburg würden die Angestellten deutlich besser verdienen. Und wenn ein kleiner Familienbetrieb solche Löhne zahlen könne, dann müsse das für ein so großes Unternehmen wie die Tank & Rast, das Millionen erwirtschaftet, erst recht möglich sein.

Die nächsten Leidtragenden seien natürlich die Reisenden, die auf die Raststätten angewiesen sind. »Weil sie auf die Toilette müssen. Weil sie Mondpreise für einen Kaffee oder ein Wasser bezahlen. Ich habe gerade eine Statistik gelesen, dass die Aufenthaltszeit an Raststätten in den letzten Jahren erheblich gesunken ist und nur noch bei fünfzehn Minuten liegt. Das heißt, die Leute kommen an, tanken vielleicht und wollen dann gleich wieder weg, weil der Aufenthalt so teuer ist.«

Gerade die Pinkelgebühr ist ein Thema, das immer wieder die Kollektivgemüter erhitzt. Ursprünglich sollte die Toilettennutzung auch nach der Privatisierung der Tank & Rast kostenfrei bleiben; so heißt es im Privatisierungsvertrag von 1998: »Die Tank & Rast wird sich *bemühen* (meine Hervorhebung), die unentgeltliche Benutzung von sanitären Einrichtungen ganzjährig durchgehend sicherzustellen.« Offenbar war dieses Bemühen nicht von Erfolg gekrönt oder das Scheitern von Anfang an in die Verhandlungen eingepreist. »Bereits zum Zeitpunkt der Privatisierung«, ließ die Tank & Rast vor einigen Jahren wissen, sei es allen Beteiligten klar gewesen, »dass der erhebliche Modernisierungs- und Investitionsbedarf im Sanitärbereich eine dauerhaft unentgeltliche Nutzung der Toilettenanlagen unmöglich machen würde«.

Wie auch immer: Die dritte und größte Leidtragendengruppe, so Perli, seien die Steuerzahlerinnen und Steuerzahler; wir alle. Zwar seien die Besitzer der Rastanlagen dazu verpflichtet, jedes Jahr an das Bundesamt für Güterverkehr eine sogenannte Konzessionsabgabe zu entrichten – doch stehe deren Ertrag in eklatantem Missverhältnis zu den Ausgaben, die dem Bund durch den Erhalt und Ausbau der Anlagen erwachsen: Wenn die Zu- und Abfahrten ausgebessert oder neue Parkplätze gebaut werden, dann trägt die Kosten dafür die öffentliche Hand. »Wir sind bei etwa sechzehn Millionen Konzessionseinnahmen pro Jahr«, rechnet der Haushälter vor. »Im Bundeshaushalt stehen aber jährlich etwa hundert Millionen Euro, die in Bau- und Erhaltungsmaßnahmen an Raststätten investiert werden. Das heißt: Die Gewinne werden privatisiert – und der Staat subventioniert das Ganze, indem er die Infrastruktur mitfinanziert.«

Tatsächlich habe ich mich auf mein Gespräch mit Victor Perli für meine Verhältnisse ausnehmend intensiv vorbereitet, habe mir in einem Anflug von investigativjournalistischem Eifer sogar die Mühe gemacht, das Bundesfernstraßengesetz sowie die ergänzende Bundesautobahn-Konzessionsabgabenverordnung (kurz BAB-KAbgV) zu studieren; ich kann daher an dieser Stelle mit konkreten Zahlen reingrätschen. Laut Bundesfernstraßengesetz steht dem Bund pro hundert Liter Kraftstoff, die an der Autobahn getankt werden, theoretisch eine Konzessionsabgabe in Höhe von bis zu Euro 1,53 zu. Für alle anderen Einnahmen, die an der Raststätte oder im Tankstellenshop generiert werden (etwa durch den Verkauf von Würstchen, Motorenöl, »In diesem Haus wacht ein Dobermann«-Schildern), könnte er eine Umsatzbeteiligung von drei Prozent verlangen.

Überraschenderweise tut er das aber nicht: Er verlangt von den Konzessionsinhabern, das heißt vor allem der milliardenschweren Tank & Rast-Gruppe, nur einen Bruchteil des gesetzlich Möglichen, nämlich rund dreiundzwanzig Cent pro hundert Liter Normalbenzin, das ist weniger als ein Sechstel. Und 1,1 Prozent von allen anderen Umsätzen, also ungefähr ein Drittel dessen, was der öffentlichen Hand eigentlich zustünde. Warum zeigt sich der Bund hier – zumal gegenüber einem Unternehmen, das seinen Wert in kürzester Zeit auf dubiose Weise vervielfacht hat – so großzügig?

Ich habe diese Frage bereits vor längerer Zeit dem Bundesverkehrsministerium unterbreitet. Die schriftliche Antwort, die mir darauf zuteilwurde, war zwar freundlich im Ton, fiel inhaltlich aber bemerkenswert unbefriedigend aus; ja, sie erinnerte mich ungut an ein eigenes, lange zurückliegendes Bewerbungsgespräch, bei dem ich mich mit hochtourigem Herumgeplapper aus der Affäre zu lavieren versuchte.

Eine Erhöhung der Abgabe, so die zuständige Referentin, könne »verschiedene nicht erwünschte Auswirkungen« haben. Zum einen könnten unwirtschaftliche Betriebe, die an wenig befahrenen Autobahnabschnitten liegen, geschlossen werden. Zweitens könnten sich »bereits teure Produkte und Dienste (…) noch weiter verteuern und zu mehr Abfahrten und damit weniger Verkehrssicherheit führen«. Und drittens wäre denkbar, dass die Qualität der an Raststätten angebotenen Leistungen sinken würde, wenn man die volle Abgabe einfordern würde. »Unter Berücksichtigung aller maßgebenden Gesichtspunkte wird daher die bestehende absatz- und umsatzbezogene Konzessionsabgabe nach wie vor für erforderlich, aber auch für angemessen gehalten.«

Faszinierend finde ich vor allem das zweite Argument, also dass eine weitere Verteuerung der Raststättenangebote zu mehr Abfahrten von der Autobahn führen könnte, was wiederum die Verkehrssicherheit beeinträchtigen würde. Zum einen empfehlen die Kolleginnen und Kollegen vom Bundeskartellamt exakt

dies, wann immer der Vorwurf erhoben wird, dass die Tank &
Rast ihre Marktmacht missbrauche und zu hohe Preise verlange: Man sei als Reisender ja nicht auf die Raststätten angewiesen, sondern könne jederzeit die Autobahn verlassen. Zum
anderen ist mir das Argument, dass ein solches Manöver die
Verkehrssicherheit beeinträchtigen könnte, gleichermaßen un-
selbstverständlich und neu – daher die höfliche Nachfrage:
Inwieweit führen Abfahrten von der Autobahn zu einer erhöh-
ten Unfallgefahr? Liegen dem Bundesverkehrsministerium womöglich statistische Erhebungen vor, die belegen, dass es beim
Verlassen der Autobahn besonders häufig kracht?

Nein, muss die Referentin, wiederum in Schriftform, ein-
lenken (ich beginne, sie trotz ihrer ausweichenden Antworten
zu mögen: Ist dies der Beginn einer wunderbaren Brieffreund-
schaft?) – also: Nein, solche Statistiken seien ihr nicht bekannt.
Es sei aber »Gegenstand der gesetzlichen Definition der Nebenbetriebe, dass eine unmittelbare Zufahrt zu einer Bundesautobahn besteht und so ›die Möglichkeit zum Tanken und Rasten
ohne Verlassen der Autobahn‹ gegeben ist (vgl. BVerwGE 139,
150 Rn. 78 und Kommentar Müller/Schulz zum Bundesfernstraßengesetz § 15 Rn. 1).«

Anders gesagt, und ich hoffe, ich gebe den Kommentar von
Müller/Schulz hier richtig wieder: Es ist keineswegs besonders
unfallträchtig, wenn man zum Tanken die Autobahn verlässt –
man tankt dann aber eben nicht an der Autobahn.


Solche argumentativen Ausweichmanöver von Seiten des Ver-
kehrsministeriums sind auch Victor Perli wohlvertraut. Da
werde, mutmaßt der Politiker, letztlich Lobbyinteressen nach-
gegeben mit einer »Lizenz zum Gelddrucken«.

Ein grundsätzliches Problem bestehe seiner Meinung nach

darin, dass die Beamten im Bundesverkehrsministerium ideologisch verbohrt seien: »Das ist ein Ministerium, in dem die Hausspitze, auch wenn sie fünfmal gegen die Wand gefahren ist, keine Kurskorrektur vornimmt« – das sei auch in anderen Fragen so, etwa was öffentlich-private Partnerschaften beim Autobahnbau angeht. Der Bundesrechnungshof sage regelmäßig: Ihr müsst Abstand nehmen von diesen ÖPP-Projekten! »Sie machen's trotzdem. Man folgt auf der politischen Ebene des Ministeriums der Ideologie, dass die Privaten es besser können als der Staat. Und das ist auch hier so, im Bereich der Autobahnraststätten.«

Und welchen Ausweg sieht Victor Perli aus diesem Dilemma? Die Frage, das wird mir schon bewusst, bevor sie den Luftraum über unseren Kaffeetassen durchquert hat, ist so naiv und überflüssig wie die, was der Papst zur Aufhebung des Priesterzölibats sagt oder der Bundesverkehrsminister zur Einführung eines generellen Tempolimits auf der Autobahn.

Die Antwort lautet natürlich: Verstaatlichung. Oder: »Vergesellschaftung«, wie das Grundgesetz Artikel 15 diesen Vorgang bezeichnet. Victor Perli sagt, in ideologisch weniger belasteter Wortwahl: »Aus unserer Sicht sollte das Raststättensystem wieder in den öffentlichen Besitz kommen.«

Aber, hake ich nach: Wäre eine solche Vergesellschaftung überhaupt wünschenswert? Schließlich ist die Tank & Rast, wir sprachen davon, angeblich katastrophal überschuldet und wurde zuletzt für ein Vielfaches jenes Preises gehandelt, den der Bund seinerzeit mit ihrem Verkauf erzielt hat.

Nun – Perli guckt so freundlich, als würde er gerade im elterlichen Restaurant eine Eiswaffel über den Tresen reichen –, wenn man nach Artikel 14 und 15 des Grundgesetzes etwas in die öffentliche Hand nehme, dann müsse das ja nicht notwendigerweise nach dem Marktpreis vollzogen werden. »Eine Entschädigung kann auch deutlich darunter liegen. Da muss man genau in die Bücher schauen und hart verhandeln.«

Aber ohnehin wäre das erst der nächste Schritt. Zunächst einmal gehe es darum, überhaupt eine Debatte darüber ins Rollen zu bringen, dass das derzeitige Modell zum Schaden der meisten Beteiligten sei und dass dieses System überwunden werden müsse. Mit *System,* das wird mir nach kurzem Innehalten klar, meint Perli nicht den Kapitalismus an sich, sondern nur das privatwirtschaftliche Raststättenwesen.

Oder?

Der Speicher meines Aufnahmegeräts ist fast voll, der Keksteller fast leer. Erst jetzt sehe ich, dass das Geschirr in Delfter Blau, welches auf dem Tischchen zwischen dem Abgeordneten und mir steht, nicht etwa mit Windmühlen, weidenden Kühen oder flämischen Genredarstellungen bemalt ist, sondern mit einem sehr zeitgenössischen Motiv: Zwischen Hügeln, Wäldern und Wiesen erheben sich dampfend die Kühltürme eines Atomkraftwerks.

Ein sogenannter Atomteller: Er erinnert mich daran, dass politische Paradigmenwechsel manchmal schneller stattfinden als gedacht; man denke an den ruckzuck beschlossenen Atomausstieg nach der Katastrophe von Fukushima. Wann kommt die Abschaltung der Tank & Rast? Oder besser: Hat das Ansinnen, die deutschen Autobahnraststätten zu verstaatlichen, überhaupt Aussicht auf Erfolg?

Victor Perli ist da realistisch: Für diese Legislaturperiode sei er »nicht hoffnungsfroh«, dass sich politische Änderungen vollziehen werden. Aaaber: Wenn es zu einem Regierungswechsel komme – dann müsse die Zukunft der Raststätten auf jeden Fall Gegenstand der Koalitionsverhandlungen sein. Bei einer rot-rot-grünen Regierung zum Beispiel wäre das sicher ein Thema. Ob das Modell, die Anlagen in die öffentliche Hand zu nehmen, dann durchkommen werde, das müsse man …

Ich verstehe: Es ist Zeit für den Möglichkeitssinn, für Konjunktive und Futurformen. Unter den derzeitigen politischen Vorzeichen ist jedes Loblied auf die Verstaatlichung der Tank & Rast notgedrungen Zukunftsmusik.


Als ich Victor Perlis Büro verlasse, fällt mein Blick auf ein weiteres Plakat, es hängt gegenüber im Mitarbeiterzimmer. Das ikonische Cover von Pink Floyds *Dark Side of the Moon*, ein Prisma vor schwarzem Hintergrund, von links fällt ein Lichtstrahl ins Bild und wird zur anderen Seite hin in seine Spektralfarben aufgefächert. Eigentlich, denke ich, fasst das Motiv mein Gespräch mit dem Linken-Politiker ganz gut zusammen. Viele Dinge sind mir klar geworden, einige Lichter aufgegangen, wir haben die politischen Aspekte des Raststättenwesens in seine Facetten aufgefächert.

Aber vieles bleibt rätselhaft. Ein Gutteil des Themas liegt weiterhin im Dunkeln.

# Liebeserklärung

Dein Antlitz ist porös, grau, hart und rissig,
In deinen Asphaltfalten keimt der Dreck,
Die Mitesser auf deiner Haut sind bissig;
So mancher hebt die Braue und schaut weg.

Dein Atem riecht nach Diesel und Benzin,
Nach Heißwurst, Kippen, Kurzen, Bier und Pommes,
Dazu ein Quäntchen Auswurf und Urin;
So mancher rümpft die Nase. Wohl bekomm es!

Und deine Stimme? Nein, sie tönt nicht hell,
Sie röhrt vielmehr wie ein gerissenes Gnu
Aus hundert Auspuffrohren und mit tausend Dezibel;
Die meisten halten sich die Ohren zu.

Ach, lass sie dich verschmähen, lass sie weiterhasten;
Ich will dich sehen, riechen, hören! Will hier rasten.[9]

---

9  Es handelt sich bei dem vorliegenden Gedicht, wie unschwer zu erkennen,
   um ein Sonett; genauer gesagt um ein englisches Sonett, das aus drei in sich
   kreuzweise reimenden Quartetten sowie einem finalen Paarreim besteht.
   Üblicherweise richtet es sich an eine angebetete, von der Restwelt nicht
   hinreichend gewürdigte Dame – aber auch für einen ungeliebten Ort wie eine
   Autobahnraststätte scheint es mir die angemessene Form zu sein. Ich schreibe
   das Gedicht in der Lärmzone von Garbsen Nord, im Angesicht des Asphalts,
   im Dunst der Dieselmotoren. Die Reisenden, die an mir vorüberhasten,
   wissen nicht, was sie verpassen.

# Herr der Fliegen

Auf einer Raststätte, so auch in Garbsen Nord, herrscht naturgemäß ein ständiges Kommen und Fahren. Kaum jemand
bleibt länger als eine Viertelstunde, kaum ein Gesicht prägt sich
ein, es sind schlicht zu viele Eindrücke: Wer nicht verrückt werden will, tut gut daran, sie schnell aus dem mentalen Arbeits-
speicher zu löschen. Aber es gibt auch Konstanten: Menschen,
die ich immer wieder sehe oder die ich mir merke, weil sie aus
dem erwartbaren Anwesendenschema herausfallen wie schlecht
gesicherte Ladung aus einem Vierzigtonner.

Der Flaschensammler ist so ein Mensch.

Das liegt nicht zuletzt daran, dass er vermutlich der einzige
Besucher der Raststätte ist, der mit dem Fahrrad hierherkommt:
Ich sehe ihn nun schon zum zweiten oder dritten Mal, und immer schiebt er ein Damenrad mit rosa-weißem Rahmen neben
sich her. Am Lenker baumeln links und rechts, fein austariert,
zwei Plastiktüten mit Getränkedosen und Flaschen. Und auch
wenn die Anwesenheit eines Radfahrers auf einer Raststätte
eher ungewöhnlich sein mag, gibt doch seine ganze Körperspra-
che, die Selbstverständlichkeit und Seelenruhe, mit der er sich
zwischen den parkenden Autos bewegt, zu verstehen: Das hier
ist mein Revier. Hier sammle ich.

Schon seit achtzehn Jahren – so erzählt mir der Flaschensammler, als ich ihn auf halbem Weg zwischen zwei Containern anspreche – kommt er aus dem nahegelegenen Garbsen hierher

und bessert seine Rente auf. Nächstes Jahr wird er achtzig, aber man sieht ihm das Alter kaum an. Liegt's an seinem sonnenverbrannten Teint oder an seinem jugendlichen Outfit?

Der Flaschensammler trägt Adiletten mit No-Show-Socken, eine dreiviertellange Cargo-Hose, dazu ein schwarzes T-Shirt, auf dem eine Spielkonsole abgebildet ist, dazu der Slogan: »Yeah, die Sonne scheint. Heute zocke ich in kurzen Hosen.« Aber das ist wohl weniger ein freches Mode-Statement als vielmehr der blanken Not geschuldet, die Klamotten sind sichtlich aus zweiter oder dritter Hand, das Käppi, das der Flaschensammler trägt, ist so zerschlissen und verschwitzt, dass der darauf gestickte Namenszug nicht mehr zu entziffern ist; die zackige Runenschrift lässt eine Spielart von Heavy-Metal-Musik vermuten, die er vermutlich noch nie in seinem Leben gehört hat.

Wie viel er denn mit dem Flaschensammeln hier so verdiene, will ich als alter Materialist wissen: Erst das Fressen, dann die Moral.

»Na ja. Millionär bin ich noch nich'.« Der Flaschensammler zieht die Schultern hoch und lacht, ein jungenhaftes Lachen, das dann aber doch den Blick auf eine altersgemäß zerklüftete Dentallandschaft freigibt: Der Schmelz der verbliebenen Zähne ist gelb und angegriffen, rechts oben klafft eine empfindliche Lücke. An manchen Tagen seien es fünf. An anderen zehn. Hin und wieder auch mal fünfzehn Euro, sagt er: »Aber jeder Tag ist anders, nich'?« Nun erkenne ich auch seinen Dialekt, der Flaschensammler spricht im weichen Singsang der Oberschlesier, verwandelt Vokale in Diphthonge, aus *o* wird *ou*, aus *e* wird *ej*, er beendet seine Sätze gerne mit *nich'*?

Nach dem Krieg, erzählt der Flaschensammler, sei sein Heimatdorf »den Polen zugeschlagen worden« – aber er habe sich immer als Deutscher begriffen, insgesamt dreizehn Mal habe er einen Antrag auf Ausreise gestellt, immer erfolglos. Auf den vierzehnten Antrag habe er schließlich dankend verzichtet, sich stattdessen seinen ältesten Sohn geschnappt und sei nach Deutschland geflüchtet. Was aus dem Rest der Familie wurde oder welche allfälligen Zerrüttungen zu dieser einsamen Entscheidung führten, wage ich nicht zu fragen.

Für seine ehemaligen Landsleute hat der Flaschensammler seitdem wenig Sympathien übrig, vor allem den polnischen Lastwagenfahrern traut er nicht über den Weg: Die Deutschen würden glauben, die Fahrer von dort seien billiger, spottet er – dafür würden die bei jeder Tour ein paar Fahrräder mitgehen lassen! Er habe das mit eigenen Augen gesehen! Nicht nur einmal! Offenbar macht er eine gesamtvolkswirtschaftliche Rechnung auf, bei der die Lohnkosteneinsparungen deutscher Speditionsunternehmen mit den Verlusten privater Fahrradbesitzer gegengerechnet werden.

Welche Nationalitäten er denn mag?, versuche ich das Gespräch auf etwas positiveres, historisch weniger kontaminiertes Terrain zu lenken.

Ah, sagt der Flaschensammler wie aus der Konsolenpumpgun geschossen: Die Holländer seien die Besten! Seine graublauen Augen leuchten, der weiße Bart darunter ist kurz geschoren, fast flaumig, erinnert an das Dunenkleid eines frisch geschlüpften Falken. Vor allem, fügt er strahlend hinzu, weil sie oft nicht wüssten, dass in Deutschland auch auf Einwegflaschen Pfand sei, und die daher einfach wegwerfen würden, nich'? Außerdem seien sie so ordentlich, dass sie ihr Leergut vor dem Wegwerfen in Plastiktüten verpacken würden. »Deutlich angenehmer zu angeln«, er hebt die Gewindestange aus Metall, die er zusammen mit dem Fahrradgriff in seiner rechten Hand umklammert.

Wenn er ein Auto mit niederländischem Kennzeichen sehe, werde er jedenfalls sofort aufmerksam. Vergangenes Wochenende habe eine Familie aus Holland hier gehalten und sage und schreibe vier Tüten mit solch kostbarem Pfandsondermüll im Container versenkt – da sei ein hübsches Sümmchen dabei herausgekommen!

Wir sind während unserer Unterhaltung weitergeschlendert, haben mittlerweile den nächsten Müllcontainer erreicht. Der Flaschensammler klappt den Deckel nach hinten, rammt die Gewindestange routiniert in den Hals einer durchsichtig-weißen Plastikflasche, die unten im Müll schwimmt, zieht sie heraus und taxiert mit Kennerblick seinen Fang: »Die ist fünfundzwanzig Cent wert!«

Manchmal, fährt er ungefragt fort, würden ihm Raststättenbesucher auch Leergut zustecken; ein anderer Sammler habe sich deswegen schon mal bei ihm beschwert: Er würde niemals Flaschen geschenkt bekommen! Das liege aber daran, so der Flaschensammler fachkundig, dass sich der andere beim Sammeln nicht richtig engagiere, man müsse sich schon selbst bemühen, dann werde das auch von anderer Seite belohnt. »Wer sucht, der findet«, zitiert er aus dem Stegreif. »Und wer da anklopft, dem wird aufgetan.«


Oha: Da ich in meiner Kindheit viele hundert Stunden Lebenszeit mit dem Singen der Matthäus-Passion vertan habe, werde ich bei Zitaten aus dem entsprechenden Evangelium immer hellhörig. Das Thema Glaube, das ich doch eigentlich für mich abgehakt oder zumindest erfolgreich verdrängt zu haben glaubte – hier springt es wie eine streunende Katze hinter dem Abfallcontainer hervor.

Ob er, der Flaschensammler, denn religiös sei?

»Aber natürlich!« Der Alte richtet sich zu voller Körpergröße auf und blickt mich herausfordernd an, er ist einen Kopf kürzer als ich, aber jetzt scheint er mit jedem Wort zu wachsen: »Bin katholisch geboren. Und katholisch möchte ich bestattet werden!«

Und, frage ich weiter, was war sein größter Fund? Also, jetzt nicht spirituell gesehen, vergleiche Matthäus sieben Vers acht, sondern ganz profan, beim Durchsuchen der Müllcontainer?

Der Flaschensammler wiegt den Kopf, als müsste er gut überlegen, ob er mir die Wahrheit anvertrauen kann. Einmal, sagt er schließlich, habe er einen Fünf-Euro-Schein gefunden. In einem Bottich, er deutet auf den Container neben uns und grinst. Den habe er behalten.

Aber ein anderes Mal, da habe er eine komplette Geldbörse gefunden, voll mit Geld und Papieren. »Die lag auf dem Weg hierher auf der Straße«, er deutet mit der Gewindestange in eine Richtung, in der ich den Ort Garbsen vermute: »Die hab ich bei der Polizei abgegeben.« Es scheint ihm wichtig zu sein, dass ich keinen falschen Eindruck von ihm bekomme, wertvolle Funde gibt er ab, geringfügige behält er für sich, die Schlechten ins Kröpfchen, die Guten ins Töpfchen. Eine plausible, durch das Märchen von Aschenputtel geadelte Strategie.

Nur leider, fügt der Flaschensammler bedauernd hinzu, habe die Polizei ihm nie verraten, ob die Geldbörse abgeholt wurde oder wem sie gehörte, einen Finderlohn hat er offenbar nicht erhalten. »Die haben ihre Geheimnisse!«, fügt er verschwörerisch hinzu, als wüsste ich schon, was er meint. Ich weiß es leider nicht – was aber auch ein Beleg dafür sein mag, wie gut die Polizei ihre Geheimnisse hütet; wir werden sehen, für den Folgetag bin ich mit dem Leiter der örtlichen Autobahnwache verabredet.

Während der letzten Minute unseres Gesprächs habe ich mit zunehmender Unruhe, ja geradezu spiegelneuronalem Phantomschmerz beobachtet, dass sich auf der rechten Wange des Flaschensammlers eine Pferdebremse niedergelassen hat: Wie eine Rastende am Rand eines Stoppelfelds hockt sie auf der kahlen Stelle oberhalb seiner schlohweißen Bartstoppeln und trinkt sich in Ruhe satt. Irgendwann halte ich den Anblick nicht mehr aus, deute nervös auf die Stelle: »Sie haben da was!«

Der Flaschensammler verzieht keine Miene, ich sage ihm offenbar nichts Neues. Er macht entsprechend auch keine Anstalten, das Biest zu verscheuchen oder gar zu erschlagen, verzieht stattdessen das Gesicht zu einem Lächeln, die Bremse nimmt die dadurch entstandenen Unebenheiten des Untergrunds klaglos hin. »Die geht weg!«

In seinem Metier, erklärt er, gewöhne man sich daran, dass man andauernd von Insekten umschwirrt werde. Ich betrachte weiterhin ehrfurchtsvoll die Bremse, zu ihren Füßen, an der Bissstelle, ist eine richtiggehende Blutlache entstanden. »Wir arbeiten zusammen!«, beruhigt mich der Flaschensammler: »Die leben im Bottich, und ich sammle die Flaschen raus!«

Insekten stören den Flaschensammler also nicht – wohl aber, dass die Bottiche, wie er die 1100-Liter-Container liebevoll nennt, so dreckig sind. Früher, erzählt er, seien sie von der örtlichen Autobahnmeisterei geleert und bei der Gelegenheit hin und wieder gereinigt worden. Vor etwa drei Jahren habe dann ein privates Unternehmen diese Aufgabe übernommen – seitdem, so der Flaschensammler, seien die Behälter noch kein einziges Mal sauber gemacht worden, der Gestank sei ein echtes Problem. Der Alte, der bislang so heiter-gelassen wirkte, echauffiert sich beim Thema Bottich-Hygiene sichtlich. Ich schnuppere in Richtung des Containers und muss ihm ohne Abstriche recht geben.

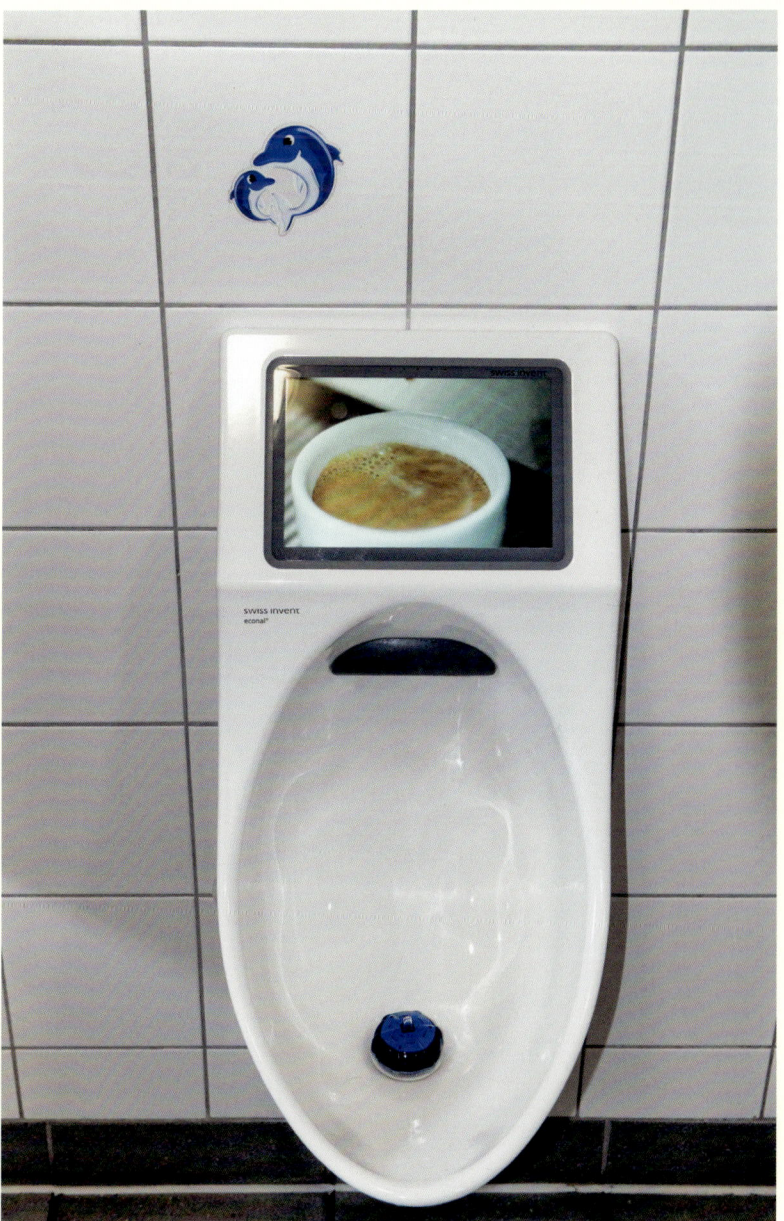

Vor allem an Tagen wie heute, wenn die Bottiche gerade geleert wurden und die Flaschen und Dosen daher tief unten im
Behälter liegen, mache man sich beim Angeln ständig die Ärmel
schmutzig, der Flaschensammler hebt den rechten Arm und
zeigt mir die verschwitzte Achsel seines Zocker-T-Shirts. Er ist
nur unwesentlich größer als der Container, wenn er auf den
Grund der Wanne gelangen will, muss er sich zwangsläufig über
den versifften Rand beugen – ich verstehe das Problem. »Das
Leben ist wie eine Hühnerleiter«, gibt er, passend zum Thema,
ein weiteres Bonmot zum Besten, diesmal nicht aus dem Neuen
Testament. »Kurz und beschissen.«


Während unseres müllhygienischen Fachgesprächs hat in der
Parkbucht neben dem Container ein Kombi angehalten, der
Motor ist verstummt. Nun öffnet sich die Beifahrertür, und ein
unbegleiteter Pinscher hopst heraus, er zuckelt zielstrebig zur
nächsten Stieleiche und hebt an dem dürren Stamm sein Stum-
melbeinchen. Er hat noch kaum sein Geschäft zu Ende gebracht, da geht der Flaschensammler schon erfreut auf ihn zu,
kauert sich nieder, krault ihn und hält leise Zwiesprache mit
dem Tier.

Er habe mal eine Katze gehabt, sagt er unvermittelt. Mindestens vierzig Jahre müsse das her sein, noch vor seiner Flucht
aus Polen.

Ein treues Tier, nachts habe es bei ihm im Bett geschlafen,
tags sei es ihm gefolgt wie ein Hund, und wenn er sonntags in
die Kirche gegangen sei, dann sei es mitgekommen und habe
während des Gottesdienstes vor der Kirche auf ihn gewartet.
»Und katholische Messen in Polen sind lang«, erklärt er, um
allfällige Missverständnisse, die Engelsgeduld der Katze betref-
fend, auszuräumen. »Mindestens zwei Stunden.«

Jedenfalls, eines Tages sei die Katze nach Hause gekommen und bestand nur noch aus Fleisch und Knochen, im eigentlichen Wortsinn: Jemand hatte ihr das Fell über die Ohren gezogen. Es tue ihm leid, habe er, der Flaschensammler, zu der Katze gesagt, sagt der Flaschensammler, er könne ihr nicht helfen, könne nichts mehr für sie tun.

Dann habe er sie genommen und gegen die nächste Wand geworfen.

Der Flaschensammler richtet sich auf, kratzt sich am Bart, die Erinnerung geht ihm auch Jahrzehnte später noch sichtlich nahe. Der Pinscher hoppelt von dannen. Der Alte blickt zum Himmel, es ist sengend heiß, dreißig Grad, morgen soll es noch wärmer werden. Die Hitze, meint er, sei eine Strafe. Eine Strafe Gottes gegen die Menschen.

Oder vielleicht, fügt er nach kurzem Nachdenken hinzu, bestraften sich die Menschen auch selbst, und Gott könne ihnen nicht helfen. So wie er, der Flaschensammler, einst seiner Katze nicht helfen konnte.

Mit dieser offenen Theodizee-Frage lässt mich der Flaschensammler zurück. Er nickt noch einmal freundlich. Dann ergreift er den Lenker seines Fahrrads, klappt mit dem Fuß den Ständer nach hinten und schiebt mit Flaschentüten und Pferdebremse im Gefolge weiter zum nächsten Bottich.

# Das Leben ausschütten

Vor Kurzem, sagt der Notfallseelsorger, wir lehnen an einem der Stehtische, vor uns eine Armada aus Pappbechern und eine Flasche Mutters Bester Tropfen, die der Seelsorger aber nicht anrührt, dafür sind die beiden Männer von der Freiwilligen Feuerwehr zuständig.

Vor Kurzem also, Stau auf der Autobahn, da sei ein Auto mit enormer Geschwindigkeit einem anderen hintendrauf gerauscht, niederländisches Ehepaar, ein Baby. Den Eltern sei vermutlich durch das Schleudertrauma schon beim Aufprall das Genick gebrochen worden, aber das einjährige Kind sei in der Babyschale gesessen und dadurch so geschützt gewesen, dass ihm nichts passiert sei. Als sie, die Notfallseelsorger, eintrafen, seien die Opfer schon abtransportiert gewesen, sagt der Notfallseelsorger; sie hätten dann den Lastwagenfahrer betreut, der auf der Spur daneben stand und mit ansehen musste, wie das Familienfahrzeug wegkatapultiert wurde.

Die Frau habe noch kurz gelebt, ergänzt einer der Feuerwehrleute und sagt danach nicht mehr viel, deutet stattdessen pantomimisch an, wie die Verletzte vor ihm auf dem Asphalt lag, wie er sich bemühte, sie zu reanimieren, Wiederbelebungsversuche an einem Schatten, ohne Erfolg. Während so einem Einsatz, fügt er hinzu, merke man oft gar nicht, was da vor sich gehe, man sei so voll mit Adrenalin. Meistens erwische es einen erst später, wenn man zurück auf die Wache komme, dann helfe oft nur eins, er schüttet sich vom Kräuterlikör nach, hebt seinen Becher.

Von dieser Form der Selbsttherapie hält der Notfallseelsorger sichtlich wenig, er ist Vorsitzender des örtlichen Vereins und für zweiundzwanzig Mitarbeiterinnen und Mitarbeiter verantwortlich. Seine Leute, sagt er, machten regelmäßig eine Supervision, er könne seine Leute nicht verheizen, das gehe nicht, sagt der Notfallseelsorger, und das ist eine Formel, die er auffallend oft verwendet. Auch wenn ein Mitarbeiter gerade im Trauermodus sei, etwa ein Elternteil verloren habe, dann müsse er ihm manchmal sagen: Nimm mal eine Pause. Wenn derjenige, der eigentlich Seelsorge leisten solle, während eines Einsatzes in Tränen ausbreche und die Angehörigen dann ihn betreuen müssten, sei etwas falsch gelaufen, sagt der Notfallseelsorger. Das gehe nicht.

In über achtundneunzig Prozent der Fälle kämen sie ja zu Leuten, wo jemand verstorben sei, schwerer Unfall, häuslicher Exitus, was auch immer. Die richtigen Worte zu finden, sei dann naturgemäß schwierig. Wie geht's Ihnen denn jetzt?, das sei halt eine Plattitüde. Oder Leute, die nicht reden wollten: Da sei schwierig, dass man nicht aktiv werden könne, beim ersten Mal sei das sehr befremdlich, sagt der Notfallseelsorger. Aber man lerne, das auszuhalten.

Die meisten Menschen hätten allerdings großen Redebedarf. Sie, die Notfallseelsorger, würden dann in der Regel so lange betreuen, bis andere Familienangehörige oder Freunde übernehmen könnten, wichtig sei, dass sie, also die Notfallseelsorger, den Leuten sagen würden: Das, was sie hier, also dort, vor Ort, besprächen, das bleibe unter ihnen. Dann würden die Leute alles erzählen, wirklich alles, auch intime Sachen, die selbst nächste Angehörige oder Freunde nicht wüssten, und der Notfallseelsorger verwechselt in einem vielsagenden Versprecher die Wörter *Herz* und *Leben* und sagt: Innerhalb von zwei Stunden schütten die Menschen das ganze Leben aus.

Zwei Stunden?

So lange dauere in der Regel der Einsatz. Aber das sei ja kein Backrezept, man nehme dies und das, rühre es zusammen, schiebe es in den Ofen, und zwei Stunden später sei alles gut. Die Erfahrung zeige vielmehr: Es gebe Ausreißer nach oben. Einmal hätten sie eine junge Frau den ganzen Abend, die ganze Nacht und bis in die Morgenstunden betreuen müssen, bis die Eltern da waren, das gebe es auch. In solchen Situationen könne man ja niemanden allein lassen.

Ihr Verein, sagt der Notfallseelsorger, sei dreihundertfünfundsechzig Tage im Jahr erreichbar, rund um die Uhr. Das heiße aber natürlich auch, dass man stets Herr seiner Sinne sein müsse, die Arbeit finde eben vor Ort statt, man könne also keinen feuchtfröhlichen Kegelabend veranstalten und sich fünf Bier hinter die Krause schütten. Und es sei vernünftig, sich in der Nähe aufzuhalten, man könne eben nicht einfach abends wegfahren und, wenn dann ein Anruf kommt, sagen: Huch! Jetzt brauche ich eine Dreiviertelstunde, haltet mal den Patienten warm.

Verkehrsunfälle seien natürlich immer medienwirksam, sagt der Notfallseelsorger, und wenn irgendwo ein Reisebus einen Auffahrunfall hat, dann ziehe das die Presse an wie die Motten das Licht. Aber bei den meisten Fällen, zu denen sie geholt würden, handele es sich um einen häuslichen Exitus oder die Überbringung von Todesnachrichten: Das sei so die Kernarbeit.

Wobei sie, die Notfallseelsorger, niemanden persönlich über den Tod eines Menschen unterrichten dürften, wenn der Tod im öffentlichen Leben eintrete, sei es hoheitliche Aufgabe der Polizei, die Nachricht den nächsten Angehörigen zu überbringen. Sie, die Notfallseelsorger, seien dann im Schlepptau der Beamten dabei, um die Menschen aufzufangen; obwohl es den Polizisten manchmal sichtlich lieber wäre, wenn nicht sie, also die Beamten, die Überbringer der Todesnachricht sein müssten, die würden dann manchmal die Dienstmütze in der Hand drehen und sagen: Kannst du nicht vielleicht …?

Aber das gehe nicht. Erstens aus genannten rechtlichen Gründen, und zweitens: Er, der Notfallseelsorger, müsse mit dem Angehörigen ja noch die nächsten Stunden verbringen. Und wenn er jemandem erzähle, dass gerade dessen Vater gestorben sei, dann sei das ein ganz schlechter Einstieg. Dann würde er, also der Hinterbliebene, diesen Menschen, also den Notfallseelsorger, erst einmal hassen. Nicht von ungefähr seien früher, als es noch Könige gab, die Boten, die eine schlechte Nachricht überbrachten, dafür geköpft worden.

Er sage seinen Leuten jedenfalls immer: Geht nie in Privatklamotten zum Einsatz. Sie hätten Einsatzjacken, die würden sie überziehen, damit schlüpften sie in eine Rolle. Das sei wie eine Ritterrüstung, wenn man später nach Hause gehe, könne man diese Rüstung auch wieder ausziehen, dann sei man nicht mehr Notfallseelsorger, sondern Privatmensch. Es sei auch wichtig, dass das, er meint die Arbeit als Notfallseelsorger, nicht in den Klamotten hängenbleibe, er meint das im übertragenen Sinn. Wobei, manchmal, wenn etwas wirklich Schlimmes passiert sei, ein Brand zum Beispiel, wo jemand nicht mehr lebend rausgekommen sei, dann bringe man tatsächlich auch die Gerüche mit nach Hause. Dann müsse man eine reinigende Dusche nehmen. Damit man wieder neu geerdet sei.

Die Tätigkeit als Notfallseelsorger, sagt der Notfallseelsorger, sei nicht altersbegrenzt. Sie hätten da eine Dame im Team, die sei schon ein gutes Stück über siebzig, die mache das hervorragend: Jemand, der dieses Alter habe, dem nehme man auch die Erfahrung ab. Wenn gerade ein Partner gestorben sei und dann so ein Bubi ankomme und etwas vom Leben erzählen wolle, das sei schon ein bisschen schwierig. Aber natürlich müsse man wissen, wann Schluss sei. Bevor er eines Tages mit dem Rollator zum Einsatz fahre und nicht mehr wisse, wer er, also der Notfallseelsorger, sei, müsse er rechtzeitig aufhören, sagt der Notfallseelsorger.

Alles andere geht nicht.

## Auge um Auge

Das Haus steht unauffällig abseits, wenn man in Garbsen Nord abfährt, gleich rechts neben der Ausfädelungsspur. Bei meiner Ankunft hatte ich es glatt übersehen; jetzt gehe ich, von der Tankstelle kommend, direkt darauf zu. Einstöckiger Bau, rote Backsteinfassade, stumpfwinkliges Satteldach: Auf den ersten Blick könnte es sich um einen ALDI-Markt oder ein Dänisches Bettenlager handeln – aber nein, das Gebäude beherbergt die örtliche Autobahnwache der Polizeidirektion Hannover, und damit einen weiteren Punkt auf meinem Recherchewunsch-zettel.

Wie stellt sich das Tohuwabohu einer Raststätte für jemanden dar, der von Berufs wegen für Ordnung zuständig ist? Welche Verbrechen, Vergehen, Verkehrsdelikte ereignen sich an einem solchen Ort? Wer versucht, sie zu verhindern beziehungsweise aufzuklären, und was motiviert ihn dabei? Auch wenn das Gebäude also abseits liegt, es führt kein Weg dran vorbei: Ich möchte, will, muss mit einem Autobahnpolizisten sprechen.


Als ich das Büro von Frank Loeper betrete, ist der Hauptkommissar gerade am Telefon: sonore Stimme, makellose Diktion, so als wollte er das Stereotyp bestätigen, dass in und um Hannover das reinste, von keinem Dialekt getrübte Deutsch gesprochen wird. »Ja. Ja. Ja. Dann sind wir mal gespannt und wünschen Ihnen alles Gute. Mensch, da war mein Ukrainisch doch besser, als ich dachte. Sehr schön. Danke. Tschüss.«

Der Hauptkommissar legt auf, wendet sich mir zu. Blaue Uniform, randlose Brille, die dunklen Haare sind seitlich kurz und oben nach hinten gegelt, ein gepflegter Spitzbart: Wenn es in Platons Ideenhimmel ein Urbild des rechtschaffenen deutschen Polizeibeamten gibt, dann sieht es aus wie Frank Loeper.

»Können Sie tatsächlich Ukrainisch?«, frage ich arglos.

Loeper lacht: »Nicht ein einziges Wort.« Er könne mittlerweile zwar eine Verkehrskontrolle auf Polnisch, Russisch und Niederländisch durchführen, und er verstehe etwas Polnisch, etwa wenn es um ein Unfallgeschehen gehe, so ein paar Worte und Wortfetzen seien eben immer dieselben: Ich fuhr da, und dann hat er die Spur gewechselt und mein Fahrzeug getroffen ... Aber Ukrainisch: Nö.

Und worum ging es in dem Telefonat?

Oh, das sei das Ausländeramt gewesen. Vergangene Nacht hätten sie bei einer Routinekontrolle einen Ukrainer erwischt, der im Auftrag einer polnischen Spedition einen innerdeutschen Transport durchgeführt habe: ohne Genehmigung, ohne Arbeitserlaubnis, ohne Visum, also gleich dreifach illegal. »Ein ganz armes Würstchen, wirklich das letzte Glied in der Kette. Aber ich kann das so natürlich nicht stehen lassen. Ich habe Kenntnis von dem Sachverhalt, der stellt eine Straftat dar, also muss ich irgendeine Lösung finden.«

Nämlich?

Die harte Lösung, erklärt mir der Hauptkommissar, wäre: Der Fahrer muss in Abschiebehaft und wird mit dem Flieger zurück in die Ukraine gebracht. Die weniger harte: Er bekommt einen Eintrag im Pass, dass er ausreisepflichtig ist, und die Gelegenheit, die EU zu verlassen. »Und das war jetzt eben der erlösende Anruf vom Ausländeramt: Er wird nicht inhaftiert, kann seinen Laster zurück nach Polen fahren und kriegt die Chance, die Aktenlage in Ordnung zu bringen und dann möglicherweise erlaubt wieder einzureisen«, der Hauptkommissar wirkt ehrlich erleichtert.

Als Linksgrünversifftliberaler hege und pflege ich gewisse Vorurteile gegenüber Polizeibeamten – aber Hauptkommissar Loeper, so mein erster Eindruck, scheint in Ordnung zu sein.

Seit zwölf Jahren arbeitet Loeper nun schon in Garbsen, hat als Sachbearbeiter im Streifendienst angefangen, inzwischen ist er Dienstabteilungsleiter und als solcher für achtzehn Leute verantwortlich: elf Männer, sieben Frauen, die im Schichtdienst für acht Rastanlagen und hundertachtzig Doppelkilometer Autobahn zuständig sind.

Doppelkilometer?

»Na ja, die Autobahn geht ja immer in beide Richtungen.«

Äh, richtig. Ich wage gar nicht zu sagen, dass ich kein eigenes Auto besitze, nur mit dem Mietwagen hier bin, das Phänomen Bundesautobahn also eher aus der ethnologischen Halbdistanz betrachte – aber dass die Autobahn über getrennte Fahrbahnen für die unterschiedlichen Fahrtrichtungen verfügt, war sogar mir schon aufgefallen.

»Brutto also dreihundertsechzig Kilometer«, fügt Loeper erklärend hinzu.

Genau.

Zurück zu dem Ukrainer (ich versuche, meine Ahnungslosigkeit zu überspielen; ich mag, was Autobahnbelange angeht, zwar herzlich inkompetent sein, verfüge aber immerhin über Inkompetenzkompensationskompetenz), zurück zum Ukrainer also: Ist die gnädige Gangart, so wie sie heute gewählt wurde, die übliche, oder muss manchmal auch der harte Weg beschritten werden?

Loeper stützt das Kinn auf den Daumen der rechten Hand und legt den L-förmig abgespreizten Zeigefinger an die Wange, was ihm ein wenig das Aussehen eines Lyrikers verleiht, der für ein Autorenfoto der Edition Suhrkamp posiert.

»Sogar in der Mehrzahl der Fälle«, sagt er schließlich und meint damit die härtere Gangart. Natürlich gebe es Menschen wie diesen Ukrainer, die eigentlich nur unfassbar naiv seien. Denen man anmerke, dass sie nicht bewusst eine Straftat begingen, sondern einfach nur dringend Geld brauchten, fünfzig Euro für die Strecke von Moskau nach Rotterdam, bei solchen Dumpingpreisen gehe das los. Aber dann gebe es eben noch die zweite Sorte Menschen, solche, die vorsätzlich handelten. Und da sei dann regelmäßig die andere Gangart zu wählen.

Ein enormes Problem sei zum Beispiel der Diebstahl von Ladungsgütern: »ein unfassbarer volkswirtschaftlicher Schaden. Ein sehr lukratives Geschäft, weil man mit sehr wenig Aufwand extrem viel Beute machen kann.« Der Modus Operandi (Loeper sagt tatsächlich Modus Operandi, ich fühle mich sofort in mein humanistisches Gymnasium zurückversetzt), der Tathergang also sei immer identisch: Die Täter schneiden einen Sichtschlitz in die Plane, circa ein mal ein Meter, klappen auf und gucken: Was ist dahinter?

Wenn es sich um fünfundzwanzig Tonnen Stahlträger oder andere unhandliche Fracht handelt, gehen sie weiter. Wenn es ein Karton ist, schneiden sie den auch noch auf und schauen: Was ist im Karton? Wenn sie endlich etwas entdecken, das ihnen sowohl transportabel als auch wertvoll erscheint, funken sie einen Kompagnon an, der mit dem Transporter dazukommt, dann wird umgeladen. Zweihundert Fernseher. Fünfhundert Reifen. Zweihundertfünfzig Fahrradhelme, »alles, was Sie sich vorstellen können. Nur hin und wieder bin ich mir nicht ganz sicher, ob die Täter auch wissen, was sie tun. Ob das ein Scherz ist oder ob sie uns ärgern wollen. Einmal haben sie zum Beispiel von einer Ladefläche eine IKEA-Kerze entwendet.«

Eine einzige Kerze? Wird so was angezeigt?

»Muss«, seufzt Loeper, sie stünden als Polizisten ja unter Strafverfolgungszwang. Will meinen: Wenn sie eine Straftat entdecken oder darüber Kenntnis erhalten, sind sie verpflichtet, der Sache nachzugehen – auch wenn es sich um eine Lappalie wie Paraffinstummeldiebstahl handelt.

Begünstigt werde diese Art von Kriminalität natürlich durch die Überfüllung der Rastanlagen: Spätestens ab zweiundzwanzig Uhr sei so ein Rastplatz ja von der Aus- bis zur Einfädelungsspur restlos zugeparkt, wo eigentlich Platz für hundert LKWs sei, stünden hundertfünfzig; auf einer benachbarten Rastanlage liege die Belegung nachts sogar bei sagenhaften zweihundert Prozent.

»Diese Fülle verhindert Blicke. Wenn alle LKWs normal in ihren Boxen stünden, wäre da ein bisschen Platz«, mit *Boxen* meint der Hauptkommissar offenbar die weiß markierten Parkbuchten, »aber die stehen in ihren Boxen, hinter den Boxen fahren ein paar andere LKWs längs, und vor den Boxen auch, sodass im Zweifelsfall die Laster, die in den Boxen stehen, komplett von anderen Sattelzügen verdeckt sind.« Und so ein LKW sei ja ziemlich groß und dunkel und blickdicht.

Ich muss an vergangene Nacht denken: Die Anmutung von Garbsen Nord war nicht die eines Rastplatzes, sondern eher die einer mittelalterlichen Kleinstadt. Überall verwinkelte Gassen, in denen schemenhafte Figuren auftauchten und wieder verschwanden. Das Aufglimmen von Zigaretten ohne erkennbare Hand, Kopf oder Körper. Nachttöpfe, die aus halbgeöffneten

Seitenfenstern auf die Straße geleert wurden wie auf einem Kupferstich von William Hogarth.

Loeper steckt sich den linken Zeigefinger ins Ohr, als könnte er so weitere Insiderinformationen aus seinem Kopf pulen. Er hat, fällt mir auf, zwei typische Nachdenkhaltungen: die Suhrkamp-Autorenfoto-Geste und das meditative Ohrenbohren.

Jede Rastanlage sei ein Schmelztiegel von Menschen, fährt er fort, die für ein paar Minuten zusammenkämen, ich merke, die Bohrung hat sich gelohnt, jetzt kommt das große Bild, die gesamtgesellschaftliche Einordnung. »Völlig ungewollt, zusammengewürfelt wie im Flughafen. Auf der Rastanlage kommen zu den unterschiedlichen Menschen allerdings noch die unterschiedlichen Fahrzeuge hinzu, vom Motorrad über normale PKWs bis zu Fahrzeugen mit Anhängern. Wohnmobilfahrer haben wieder andere Bedürfnisse. Kleintransporter im privaten Bereich, Reisebusse, und natürlich LKWs.« Und jede Fahrzeuggruppe bringe ihre je eigenen Konfliktpotenziale und Delikte mit.

Beispiel Reisebus: Die höchste Anzahl an Wildpinklern entsteige typischerweise Bussen auf Kaffeefahrt. »Die Bläsergruppe Neufriesland. Ein Spielmannszug. Wohlsituierte Rentner. Steigen aus, stellen sich an den nächsten Busch und zahlen im Zweifelsfall fünfzig Euro Bußgeld, wegen Erregung öffentlichen Ärgernisses.« Eine ganz andere Klientel komme hingegen mit dem Flixbus, da komme so ein Lagerkollerding zum Tragen, außerdem oftmals der Konsum geistiger Getränke: »Wenn ich aus Berlin nach Düsseldorf reise und zwischendrin zwei Stunden im Stau stehe, dann ist das nicht schön – und manch einer will das dann mit Alkohol überbrücken.« Aber wenn man von Berlin bis Hannover zwei Flaschen Wodka trinke, dann werde es irgendwann eng, dann steige der Druck »nach unten und in den

Kopf«, wie Loeper den Sachverhalt umschreibt, und verursache »Bewegungen, die man eigentlich nicht wollte«.

Die Folgen für die dergestalt Unter-Druck-Stehenden seien jedenfalls fast immer die gleichen: »Diese Menschen werden vom Busfahrer an der nächstmöglichen Rastanlage rausgeschmissen. Im besten Fall weiß der Fahrer, welches Gepäck zu ihnen gehört, und schmeißt es hinterher – üblicherweise aber nicht. Und dann sitzen diese Volltrunkenen bei uns auf der Rastanlage und sind natürlich noch saurer, als sie es ohnehin schon waren. Sie fangen an zu pöbeln. Und schon haben wir das Problem.«

Neulich sei es zu genau so einer Situation gekommen: Ein Mann war wegen Randalierens aus dem Bus geflogen und hockte nun auf dem Bordstein an der Tankstelle. Er wollte sich aufrappeln, geriet dabei in Vorlage – und rannte schnurstracks mit dem Schädel gegen das nächste Auto, »in gebückter Haltung, wie ein Stier: Bumm! Dann fiel er rücklings um und blieb liegen. Und das war die Situation, zu der wir gerufen wurden, weil der mit seinem Kopf eine Beule in den Kotflügel des Volvo geschlagen hatte und die Fahrerin wollte, dass sie den Schaden ersetzt kriegt.« Aber ob das jemals von Erfolg gekrönt sein werde, wage er ernsthaft zu bezweifeln.

Eine weitere Kundengruppe: die Lastwagenfahrer. Vor zwei Wochen etwa habe es hier in Garbsen eine Art innerfamiliären Konflikt gegeben. Bei Strecken von mehr als zweitausend Kilometern Länge säßen ja üblicherweise zwei Fahrer in der Kabine, wechselten sich ab, und da komme es verständlicherweise hin und wieder zu Spannungen: »Hüttenkoller. Lagerkoller. Das ist ja kein neues Phänomen.«

So auch an besagtem Abend. Ein Fahrer eines Vierzigtonners hatte sich schon mal hinten in die Koje gelegt und wollte schlafen – der andere Fahrer hingegen saß vorn in der Kabine und wollte rauchen. Als der Schlafwillige ihn aufforderte, das Rauchen zu unterlassen, bekam er von diesem einen Schlag ins Gesicht verpasst, »der andere retournierte«, verfällt Loeper in die Sprache der Tenniskommentatoren, »und schon war die Keilerei im Gange. Es hieß, es sei auch noch ein Messer im Spiel gewesen – das konnte zum Glück aber nicht nachgewiesen werden.«

Als die Polizei eintraf, sei der mutmaßliche Ersttäter vollkommen schuldunbewusst gewesen: Wer, ich? Und da bei beiden Fahrern mehr als eineinhalb Promille Blutalkohol gemessen wurden, sei es schwierig gewesen, die Eskalation des Konflikts präzise nachzuvollziehen, da sei eben fraglich, wer verteilte den ersten Schlag? Aber es gebe schon Hinweise: »Da der eine Nichtraucher war und der andere Raucher, ergab das schon ein Bild, das die Geschichte des vermeintlichen Opfers plausibel machte.«

»Was haben wir noch?«, fragt der Hauptkommissar, als eine kurze Pause im Gespräch entsteht. »Ah ja, die PKW-Fahrer!« Er hat das Interview jetzt quasi gekapert: Er stellt die Fragen, die ich von Amts wegen an ihn richten müsste, einfach selbst und beantwortet sie entsprechend bereitwillig.

Auch mit den Fahrern von Personenkraftwagen, erklärt er, gebe es auf einer Raststätte natürlich Probleme. Beispielsweise wegen Tankbetrugs, »die fahren an die Tankstelle, tanken und fahren weg, ohne zu bezahlen. Die Gründe dahinter mögen vielfältig sein, Unaufmerksamkeit, Abgelenktsein, Absicht – aber das ist etwas, das signifikant ist in der Menge, in unserem Zuständigkeitsbereich passiert das zweimal am Tag.«

Ein weiterer Konfliktherd sei, dass viele Fahrer nicht in der Lage seien, die Schilder richtig zu lesen: Wo geht's zur richtigen Zapfsäule? Wo geht's zum Parkplatz für PKWs und wo zu dem für LKWs? »Variante eins: Die Leute fahren, ohne auf die Schilder zu achten, in eine Richtung, halten an und stellen fest, Mist, hier bin ich falsch! Dann drehen sie um und fahren entgegen der Fahrtrichtung. Variante zwei: Sie lesen, fahren trotzdem falsch, machen auch ein Wendemanöver und wursteln sich irgendwie an die Stelle, wo sie gerne hinmöchten.«

Rechtlich gesehen sei das ein Problem: Schließlich gehört, was vermutlich nur die wenigsten wissen, die komplette Rastanlage inklusive des Tankstellenbereichs und der Zufahrten zur Autobahn – Wenden und Rückwärtsfahren sind hier daher nicht erlaubt. Und wenn dann noch Aggressivität oder Dreistigkeit dazukomme, könne es sich sogar um eine Straftat nach § 315c Strafgesetzbuch handeln: »Wer im Straßenverkehr grob verkehrswidrig und rücksichtslos auf Autobahnen oder Kraftfahrstraßen wendet, rückwärts oder entgegen der Fahrtrichtung fährt oder dies versucht und dadurch Leib oder Leben eines anderen Menschen oder fremde Sachen von bedeutendem Wert gefährdet, wird mit Freiheitsstrafe bis zu fünf Jahren oder mit ...«

Ähem: Ich erkenne mich in der Beschreibung des treudoofen Automobilisten, der zielstrebig die richtige Zapfsäule verfehlt und daher verkehrswidrig zurücksetzen muss, voll und ganz wieder. Ich bin daher beruhigt zu erfahren, dass Loeper und seine Leute, solange es nicht zu einer Verkehrsgefährdung oder gar einem Unfall kommt, den Autor von § 315c StGB einen guten Mann sein lassen und ein Auge zudrücken. Außerdem gebe es ja immer noch das Mittel des verkehrserzieherischen Gesprächs, fügt Loeper hinzu, »quasi der erhobene Zeigefinger«, er hebt ihn. »Ein paar aufklärende Worte an den Müfft.«

Den was?

»Den mündigen Verkehrsteilnehmer. Abgekürzt müVT.«
Eigentlich erwarte er, der Hauptkommissar, von jedem Menschen, der am Straßenverkehr teilnehme, ein gewisses Verantwortungsbewusstsein. Aufmerksamkeit. Umsicht. Rücksicht.
»Das beschreibt im Optimalfall den müVT.« Leider gebe es aber jede Menge Menschen, denen mindestens eine dieser Eigenschaften fehle, daher werde dieser Begriff bei der Polizei oft auch ein bisschen despektierlich benutzt. Ironisch.

MüVT.


Jetzt aber mal ganz unironisch, ich deute auf die Tätowierung, die Loeper am rechten Unterarm trägt: Wie hält er's mit der Religion? Das Tattoo, muss man wissen, stellt ein sogenanntes Jakobskreuz dar, ein Kruzifix mit Waffencharakter, das in einer Dolchspitze ausläuft. Nicht unpassend für einen Polizisten, denke ich: Glaube und Schwert.

Ja, bestätigt Loeper, er sei gläubig. Evangelisch, spiele Trompete im örtlichen Posaunenchor. Er habe ein positives, christlich geprägtes Menschenbild. Wenn er ein Fahrzeug anhalte, spreche er den Menschen darin daher prinzipiell erst einmal freundlich an und warte dessen Reaktion ab. Ob er, der Fahrer, ihm freundlich oder feindlich gesonnen sei, ob er jähzornig sei, aggressiv oder passiv. Und daran messe er, der Hauptkommissar, dann den Menschen.

Und?, quengelt der notorische Zweifler in mir: Ist seine christliche Grundhaltung dabei nicht schon mal ins Wanken geraten? Hat sich der Hauptkommissar angesichts der Verderbtheit des Menschen, insbesondere des müVT, nicht schon mal die Frage gestellt: Wie kann Gott so etwas zulassen?

Hm. Loeper gerät, will mir scheinen, erstmals ins Lavieren.

Es komme schon vor, dass er Menschen treffe, die ... Nun ja, *Arschloch* sei nicht das richtige Wort – aber ich wisse schon, was er meine. Menschen, die gewisse Eigenschaften in sich vereinten: Jähzorn. Arroganz. Selbstsucht. Alle sieben Todsünden. Und das würde ihn dann schon staunen lassen, mit welcher Kaltschnäuzigkeit und Brutalität sich diese Leute im Straßenverkehr verhielten.

Ein Beispiel, kürzlich auf der A2: Verkehrsstockung, ein Autofahrer steigt aus, geht zu dem vor ihm stehenden Fahrzeug, öffnet die Tür und haut dem darin sitzenden Fahrer, ich zitiere wörtlich, »aufs Maul«. Oder ein anderer Fall: Ein Motorradfahrer fühlt sich von dem vor ihm fahrenden Kleinbus gestört, also überholt er den Bus, bremst ihn auf der Autobahn aus, steigt ab und schlägt mit seinem Karbonhandschuh die Beifahrerscheibe ein. Oder ...

Aber wie, insistiere ich, ist so etwas mit Loepers christlichem Menschenbild vereinbar? Wie geht er damit um?

Nun, sagt der Hauptkommissar: Wenn er im Dienst sei und solch ein Mensch vor ihm stehe, dann tue er eben das, was nötig sei. Und wenn körperliche Gewalt nötig sei, dann sei sie eben nötig, das stehe für ihn nicht im Widerspruch zu seinem Glauben. Man könne die Bibel ja so oder so auslegen. Insofern sei da genügend Flexibilität.

Und, hake ich nach: Welche Bibelstelle hat er da im Kopf?

Loeper lacht. »Im Zweifelsfall: Auge um Auge. Zahn um Zahn.«

Oha. Exodus 21, die alte Talionsformel: Das schwertförmige Jakobskreuz, hier zeigt es sich in all seiner Zweischneidigkeit.

Nun, da wir tatsächlich beim Alten Testament, bei Fragen der Moralphilosophie sowie den Sieben Todsünden angelangt sind, fühle ich mich endlich ermutigt, nach den letzten Dingen zu fragen. Genauer gesagt, nach einem Ding. Einem Thema, das alle Freunde, mit denen ich im Vorfeld meiner Raststättenreise gesprochen habe, brennend zu interessieren schien, und von dem ich vermute, dass es an einem öffentlichen Ort, wo ausnehmend viele einsame Menschen zusammenkommen und der zugleich denkbar große Anonymität bietet, in der Tat besonders virulent …

Kurz gesagt: »Gibt es auf so einer Raststätte (ähem, räusper) eigentlich viele Sexualdelikte?«

Die Antwort kommt wie aus der Dienstpistole geschossen: »Nein.«

Ich (ehrlich überrascht): »Wie bitte?«

Natürlich, relativiert Loeper, würden er und seine Kollegen auf nächtlichen Streifenfahrten gelegentlich »Beischlafsituationen« beobachten: im Auto. Im Anhänger. Im Wohnmobil, wenn das Gefährt eindeutige Bewegungen mache, aber bitte, die Kopulation sei nicht strafbar. Auch Prostitution sei auf Rastanlagen zu beobachten, wenn zwischen lauter LKWs plötzlich ein Kleinwagen mit Hannoverschem Kennzeichen parke, dann sei das ein ziemlich eindeutiges Zeichen, dass hier eine »fahrende Dienstleisterin« ihren Geschäften nachgehe.

Die tatsächlichen Sexualdelikte, mit denen er zu tun gehabt habe, ließen sich aber auf drei oder vier Fälle zusammenfassen – und bei allen sei die Raststätte eher zufällig ins Spiel gekommen. »Sexuelle Streitigkeiten in einem Swingerklub, und dann wurde die Frau auf der Raststätte ausgesetzt.« Das sei irgendwie ein Sexualdelikt – aber für die Polizei gehe es dabei eher um den Opferschutz, weil die Frau bei drei Grad Außentemperatur im Negligé auf der Anlage stand.

Oder ein anderer Fall: Es gebe hier einen Parkplatz, der früher von der homosexuellen Szene frequentiert worden sei; und dort sei es schon auch mal zu Konflikten gekommen. Das habe aber wiederum nichts mit Sexualdelikten zu tun, sondern eher – kleiner Finger ins Ohr – »ich weiß nicht, wie man das fassen sollte: häusliche Streitigkeit?«

Zum Glück, fügt Loeper hinzu, hätten Homosexuelle es ja mittlerweile nicht mehr nötig, sich in irgendwelchen finsteren Ecken auf Rastanlagen zu treffen. Diejenigen, die das Gebüsch hinterm Parkplatz heutzutage noch nutzen würden, täten das daher vermutlich eher – der Hauptkommissar formuliert das tatsächlich so blumig – »aus Verklärungsgründen: Da haben wir uns kennengelernt. Da gehen wir wieder hin.«


Wir haben, wie ich beim diskreten Blick auf die Uhr feststelle, uns mittlerweile weit über zwei Stunden unterhalten: Ich habe keine weiteren Fragen, und auch der Hauptkommissar scheint mit seinem Selbstverhör am Ende zu sein. Zeit, sich zu verabschieden. Zeit für ein vorläufiges Fazit.

Erstens, denke ich: Dafür, dass Saufen und Straßenverkehr eigentlich nicht zusammengehören, ereignen sich erstaunlich viele auf einer Raststätte begangene Delikte unter Alkoholeinfluss. Zweitens: Dafür, dass ich eigentlich ein gesetzestreuer müVT bin, habe ich schon erstaunlich oft gegen das Rückwärtsfahrverbot auf Raststätten verstoßen. Drittens: Dafür, dass Gott allwissend, allmächtig und allgütig ist, lässt er auf deutschen Autobahnen und ihren Nebenbetrieben ganz schön viel durchgehen. Viertens: Dafür, dass Raststätten, zumindest in meinem Bekanntenkreis, als Orte der erotischen Libertinage gelten, handelt es sich bei ihnen um erstaunlich sittsame Lokalitäten. Fünftens: Dafür, dass Hauptkommissar Loeper bei der

Polizei sowie bekennender Christ ist, legt er beim Thema Sex, egal ob käuflich und ganz gleich welcher sexuellen Orientierung, eine geradezu hippieeske Laissez-faire-Attitüde an den Tag.

Sowie sechstens und letztens: Garbsen Nord ist bei ihm, soweit ich das beurteilen kann, in guten Händen.

# Mittagstisch

»Hier werden Sie mit Spannung erwartet«, steht auf der Lade-
säule für E-Mobilität, neben ihr hibbelt der Fahrer eines Elekt-
roautos, der Kragen seines Anzughemds steht offen, er wischt
hektisch auf seinem Smartphone herum und flucht.

Die App, die eigentlich den Ladevorgang für sein Fahrzeug
starten sollte, streikt: Bei manchen Ladesäulen müsse man zuerst die App starten und dann den Stecker am Auto andocken,
erläutert er halb an mich, halb an sich selbst gewandt, bei anderen sei es genau umgekehrt. Keine Ahnung, wie die Reihenfol-
ge hier korrekt ist. Jedenfalls ist der Akku leer, die Weiterfahrt
unmöglich.

Wie lange denn so ein Ladevorgang überhaupt dauert?

Das Weißhemd schnauft: Na, so wie's gerade aussehe – ewig.

Und wenn es mit dem Laden dann doch klappt?

»Nach einer halben Stunde hast du achtzig Prozent der Ladung. Damit kommst du etwa hundertfünfzig Kilometer weit.«

Ich (baff): »Eine halbe Stunde!«

»M-hm.« Aber, das Anzughemd muss jetzt offensichtlich
mal eine Lanze für die E-Mobilität brechen, er ist gerade ge-
nervt von seiner App, okay, aber sonst ganz klar ein Early Adop-
ter, einer mit dem Finger am Flatterpuls der Zeit: Porsche ent-
wickele gerade einen Schnelllade-Akku. Der brauche nur zehn
Minuten. »Und damit schaffst du fünfhundert Kilometer!«

Er blickt seufzend auf sein Auto: kein Porsche.

Immerhin, gebe ich zu bedenken, könne man in einer halben Stunde ja auch als Mensch richtig auftanken. Das Befüllen

eines Verbrennungsmotorautos mit Diesel oder Benzin gehe inzwischen ja so rasend schnell, dass für den Fahrer während des Tankvorgangs überhaupt keine Zeit zum Regenerieren sei. Man müsse sich daher ernsthaft fragen, ob die Metapher vom *Auftanken* überhaupt noch zeitgemäß sei und ob ein längeres, wenn auch unfreiwilliges Verweilen auf dem Rasthof, wie es die E-Mobilität derzeit noch erfordere, nicht sogar wünschenswert ...

Ein Lächeln breitet sich über dem Hemdkragen aus: Der Fahrer nickt. Aber nicht etwa, weil er meinen feinsinnigen sprachphilosophischen Ausführungen beipflichtet, sondern weil seine App endlich ordnungsgemäß funktioniert. Er nimmt das Ladekabel zum soundsovielten Mal aus der Halterung. Er steckt es entschlossen in die Buchse seines Fahrzeugs ...

»So«, sagt er nach einer spannungsgeladenen Sekunde. »Jetzt kann ich auch meinen Akku aufladen.«


Ein paar Meter weiter kraxelt ein Raststättenmitarbeiter über das Vordach des Raststättenrestaurants und wässert die prächtig wuchernden Petunien, den Gartenschlauch zieht er wie eine Nabelschnur hinter sich her. Über seinem Kopf reckt Lady Liberty wacker ihre Flammenimitation aus Plastik in den Himmel, wenn eine Wolke dahinter vorbeizieht, sieht es für einen Moment tatsächlich so aus, als wäre die Fackel entzündet.

Der Anblick erinnert mich an das Sonett von Emma Lazarus, das auf einer Bronzetafel im Inneren der richtigen Freiheitsstatue prangt, im Hafen von New York, wo einst die Geflüchteten aus der Alten Welt ankamen, damals, als die USA noch ein Einwanderungsland waren:

Give me your tired, your poor
Your huddled masses yearning to breathe free ...

Aber von Massen kann hier keine Rede sein. Neben mir sitzt bloß ein älteres Ehepaar aus Trier, stärkt sich für die letzte Etappe der Urlaubsheimfahrt, packt ein widerrechtlich mitgebrachtes Picknick auf dem Rasthaustisch aus: Weißmehlbrötchen mit Margarine, Scheiblettenkäse, Melone im Glas. Die Frau hat außerdem zwei Pappbecher mit Kaffee besorgt, aber vergeb'ne Liebesmüh, ihr Mann ist ungehalten, weil sie sich nicht gemerkt hat, welcher Kaffee mit Zucker und welcher ohne ist.

»Hast dau net die Becher markieren können?«

»Muss dau umrühren und prebeeren!«, rät die Frau.

»Hann eich gemaach. Schmacht ken Unnerschied!«

Ich wende den Blick von solch unlösbaren irdischen Problemen und schaue wieder gen Himmel. Auf einer der mächtigen Stieleichen, die den Außenbereich säumen, sitzt ein Amselmännchen (dasselbe wie heute Morgen, oder ein Nebenbuhler?) und zinzeliert optimistisch gegen den über den Lärmschutzwall schwappenden Verkehrslärm an. Mit einer Mischung aus Bewunderung und Mitleid versuche ich, ein paar Töne seines Gesangs zu erhaschen. Glaubt der Vogel ernsthaft, dass er gegen das Rauschen der Autobahn eine Chance hat? Dass irgendein noch so feinsinniges Weibchen ihn hier erhört?

Immerhin erinnert mich das tragische Tier an einen anderen Singvogel, der früher an deutschen Fernstraßen beheimatet war: den Autobahnfinken! Wie lange habe ich nicht mehr an diesen komischen Kauz gedacht, der in den Achtzigerjahren an jeder westdeutschen Raststätte zu beobachten war und als

Maskottchen unter anderem für sachgerechte Müllentsorgung warb.

Das Gedicht, mit dem der Autobahnfink vergemeinschaftet auftrat und das auf unzähligen Aufklebern und Hinweisschildern zu lesen war, gehört für mich zu einem der Hauptwerke der deutschen Nachkriegslyrik, fasst es doch wie kein anderes einige der problematischsten Aspekte unserer Mentalität, die zwanghafte Liebe zu Ordnung, Reinheit und normativ-pädagogischen Ansagen, in einem einzigen Couplet zusammen:

> Ein Schmutzfink ist, wer nicht bedenkt,
> daß Sauberkeit nur Freude schenkt!

Ein anderer Slogan des Autobahnfinken aus jener Zeit lautete: »Autofahrer sind umweltfreundlich!« Diese kühne Aussage bezog sich allerdings nicht etwa darauf, dass die Fahrer freiwillig das Tempo auf 130 drosselten oder durch andere Maßnahmen zum Umweltschutz beitrugen – sondern einzig und allein darauf, dass sie ihren Müll in den vorgesehenen Bottichen entsorgten und sich in Gegenwart von Nichtrauchern die Zigarette bei Tisch verkniffen. »Ein rauchender Nachbar am gemeinsamen Mittagstisch ist nicht jedermanns Sache«, wie es in einer pädagogischen Handreichung der Gesellschaft für Nebenbetriebe aus jener Zeit heißt. »Deshalb wurde in den Autobahnraststätten ›Der umweltfreundliche Tisch‹ ins Leben gerufen. (…) Wie bei allen Aktionen im Sinne des Umweltschutzes ist der farbenfroh gemalte Fink, Maskottchen der Autobahner, wieder mit von der Partie. Er zwitschert: ›Hier raucht man nicht.‹«

Aus der historischen Entfernung wirkt all das – knapp zwei Generationen, eine Waldsterbenswelle und ein Nichtraucherschutzgesetz später – teils befremdlich, teils drollig, teils komplett gaga. Wie das Relikt aus einer unvordenklichen Zeit, in der selbst basalste Regeln des zivilisatorischen Zusammenlebens noch als Maßnahmen zur Weltrettung verkauft werden konnten.

Der Autobahnfink ist mittlerweile, wie so viele andere Tierarten, ausgestorben. Und auch die Veränderung der Pflanzenwelt schreitet, bedingt durch Dürren, Stürme, globale Erwärmung, mit Tempo 250 voran. Und wo kann man diesen dramatischen Wandel am Besten studieren?

Natürlich auf einer Raststätte.

# Wo die Wilden Malven wohnen

Die besten Erfahrungen sind stets solche, die eingespielte Wahrnehmungsmuster durchrütteln. Die einen Schleier von der Welt reißen, eine Schliere vom Blick wischen, wie wenn man seine erste Brille bekommt, nachdem man jahrelang erfolgreich eine beginnende Altersweitsicht verdrängt hat.

Meine erste Wagner-Oper zählt zu dieser Kategorie (Bayreuth, 1978). Meine erste Dreitausenderbesteigung (Grießkogel, 1985). Der erste Drogenkonsum (Portland, 1989). Die erste Derrida-Lektüre (Tübingen, 1994), die erste naturreligiöse Ekstase (Oberes Illertal, 1999), die erste Lesebrille (Berlin, 2018). Seit Kurzem gehört auch eine botanische Exkursion auf der Raststätte Garbsen Nord mit dazu.

Als ich Jürgen Feder treffe, kniet er an der Bordsteinkante vor dem Eingang zum Rasthaus und betrachtet ein zwischen den Steinen hervordrängendes Kahles Bruchkraut. Schwarze Wanderschuhe, eine zur kurzen Hose gestutzte Jeans, darüber ein quergestreiftes bretonisches Langarmhemd, das seinem Träger etwas Lausbubenhaftes verleiht und gut mit Feders immer noch beneidenswert dichtem, sonnenblondem Haarschopf korrespondiert. Der Blick ist klar, die Gesichtshaut braungebrannt, kein Wunder, der Mann verbringt vermutlich jede freie Minute im Freien. Nur die Lachfalten, die sich strahlenförmig von den Augen zu den Ohren ziehen, sowie die wie mit dem Papiermesser gezogenen Wangen-Kinn-Kerben lassen erahnen, dass Feder fast sechzig Jahre alt ist.

Eigentlich ist Jürgen Feder Diplom-Ingenieur für Landespflege, Flora und Vegetationskunde, hat jahrelang im Auftrag des Landes Niedersachsen die heimische Botanik kartiert sowie als Gärtner gearbeitet – aber seine wahre Bestimmung hat er an der epistemischen Bordsteinkante zwischen Kultur und Natur gefunden: Neben naturnahen Biotopen studiert er vorzugsweise Industriebrachen, Truppenübungsplätze, Güterbahnhöfe, Misthaufen, Mülldeponien, Straßenränder, Autobahnmittelstreifen und zu meinem Glück auch Raststätten. Wegen seiner untypischen wissenschaftlichen Neigungen bezeichnet er sich gerne als Extrembotaniker, im Gespräch mit mir auch einmal als »Gullybotaniker«.

Zu Garbsen Nord hat er eine besondere Beziehung: 1984, erzählt er mir, habe er just hier sein allererstes Auto in den Graben gesetzt. Auf der A2 war eine Baustelle, die rechte Spur endete deutlich sichtbar in einer anderthalb Meter tiefen Böschung, er steuerte seinen Wagen zielsicher auf die Kante: »Da hing ich dann mit meinem Fahrzeug, wie ein Käfer. Als die Polizei kam und den Schaden gesehen hat, wollten die mir das gar nicht glauben, die haben gesagt: So einen Doofmann kann's ja gar nicht geben!« Seitdem hat Feder hier immer wieder mal Halt gemacht – systematisch erfasst hat er die Flora in Garbsen Nord noch nie.

Heute soll sich das ändern.


Ich merke schon nach wenigen Schritten unseres Ausflugs, dass ich die botanische Vielfalt der Rastanlage bislang sträflich unterschätzt habe: Der Grünstreifen zwischen den Parkbuchten war für mich nichts als ein sonnenversengtes Stück Rasen, die

Büschel zwischen den Bodenplatten hielt ich so profan wie pauschalisierend für Unkraut. Nun erfahre ich: Die Raststätte ist ein Biotop – ach was, gleich mehrere Biotope auf einmal!

»Hier kommt alles zusammen«, erklärt Feder mit leuchtenden Augen, während wir vom Rasthaus aus Richtung Tankstelle aufbrechen: »Hier ist Wiese! Hier ist Acker! Hier ist Ruderalvegetation, hier ist sogar ein bisschen Sandgrube! Hier sind die Straßenränder, hier sind die Wegränder, wir haben hier ein paar Auenarten!« Woanders müsse er sich totlaufen, um solch eine botanische Vielfalt zu finden – in Garbsen Nord sei alles hochkonzentriert, fünf Biotoptypen träfen sich hier auf drei Metern.

Aber warum? Woher diese erstaunliche biologische Vielfalt?

Jürgen Feder holt tief Luft, setzt zu einem längeren Exkurs an. Er spricht mit kräftiger Stimme, was einerseits dem Hintergrundrauschen der Autobahn geschuldet sein mag, andererseits aber auch der Tatsache, dass er es gewohnt ist, vor größeren Gruppen zu sprechen: Mehr als einmal redet er mich mit *ihr* an, und es ist nicht der Pluralis Majestatis.

Wir (er, ich, unsere imaginäre Gruppe), erklärt er, hätten hier an Voraussetzungen wirklich alles, was man sich ausmalen könne. Die Lichtverhältnisse reichten von vollsonnig bis vollschattig. Manche Bereiche seien supernährstoffreich, »praktisch gegüllt«, andere wieder extrem nährstoffarm. Es gebe Ecken, wo regelmäßig gemäht, und andere, wo wenig gemäht werde, Bereiche, die viel, und andere, die gar nicht betreten werden. Man finde außerdem das gesamte Spektrum von volltrockenen bis vollfeuchten Böden, ja an manchen Stellen mache sich sogar die Nähe des Flusses bemerkbar, der hundert Meter weiter südlich am Blauen See vorbeimäandert: »Da, der Rohr-Schwingel! Ein Feuchtezeiger! Das ist eine Leineaue-Pflanze.«

Jedes Mal, wenn Feder eine Pflanze sieht, deren Vorkommen ihm nicht selbstverständlich ist, notiert er ihren Namen auf der Rückseite eines Briefumschlags; dem Augenschein nach eine Rechnung oder ein anderes offizielles Schreiben, das er vor seiner Abreise, er wohnt in Bremen, aus dem Briefkasten geholt hat.

Was er noch vergessen habe: Es gebe auf so einem Rastplatz natürlich auch ein erhöhtes Kalkangebot; Steine und Zement enthalten Calciumcarbonat, das durch den Abrieb der Autoreifen freigesetzt wird und die Bodenfruchtbarkeit verbessert. Nicht zuletzt trage der Verkehr dazu bei, dass etliche Arten hierher gelangen: Weil ihre Samen in Sand oder Schotter, der hier verbaut wurde, enthalten sind, weil sie im Reifenprofil von Lastwagen festkleben, weil sie in Pflanzmaterial, Saatgut oder Getreide mitreisen. »Hier ist immer Bewegung, auch in der Luft, und deswegen kommen die Arten voran. Autobahnen sind Wanderlinien. Also, hier sind zwanzig Parameter, die für diesen Rastplatz sprechen.«

Während Feder spricht, scannt er unablässig den Boden mit den Augen ab, zupft hier ein Pflänzchen aus der Erde, reißt da ein Blatt ab, reibt, schnuppert, schmeckt: Er ist einer, der die Flora mit allen Sinnen aufnimmt, sie sich nach Möglichkeit sogar einverleibt. Wenn er wie jetzt unterwegs sei, packe er immer einen Laib Brot ein, geschnitten, er deutet mit der Handkante ein Brotmesser an, außerdem Wurst, Käse – »das Grünzeug zur Würze« pflücke er, wo immer er es gerade findet.

Gesagt, getan: Im Schatten eines ukrainischen Kleinlasters kniet er sich an die Bordsteinkante, erntet ein Büschel Gemüse-Portulak und steckt ihn sich unter den ungläubigen Blicken des Fahrers in den Mund. »Das ist eine der besten Vitaminpflanzen überhaupt«, doziert er kauend, »die Zitrone können Sie dagegen vergessen! Da drüben«, er deutet Richtung Zaun, »das würde ich nicht essen. Aber hier glaube ich nicht, dass gerade ein Austreter oder ein Hund hingepisst hat. Schmeckt so ein bisschen salzig.«

Etwa fünfzig der hier auf dem Rastplatz vorkommenden Arten, schätzt Feder, seien essbar: der Spitzwegerich zum Beispiel. Die verschiedenen Arten der Borstenhirse (»als Notgetreide«). Der Vogelknöterich (»wird zubereitet wie Spargel«). Das Hirtentäschel, der Gundermann, die Sophienrauke, die Blüten der Nachtkerze, die Früchte der Roten Traubenkirsche sowie, nicht zu vergessen, die Acker-Kratzdistel: »Die duftet! Wenn ich manchmal unterwegs bin und meine Socken stinken, nehme ich so einen Strunk mit ins Auto, dann riecht mein Auto ganz schön. Meine Freundin fragt dann immer: Wie hieß sie denn diesmal? Und ich sage: Diesmal war's die Acker-Kratzdistel! Dann ist sie ganz froh. Toll, ne?«


Mit jedem Meter, den wir gehen, verändert die Raststätte ihre Gestalt. Wird vom verpieselten Ödland zur veganen Feinkostpalette, verwandelt sich von einer vermeintlichen Unkrautkolonie in eine lückenlose Indizienkette, die alles über die Geschichte und Geologie des Rastplatzes verrät. Ich fühle mich zunehmend wie ein trotteliger Dr. Watson, der mit offenem Mund Sherlock Holmes hinterherdackelt, während dieser anhand denkbar diskreter Details die Geheimnisse des Tatorts enthüllt.

In einer Senke am Straßenrand deutet Feder auf ein unscheinbares Gras, einen Viertelmeter hoch, lockere Rispen: der Gewöhnliche Salzschwaden. Sei in Deutschland eigentlich an der Nord- und Ostsee beheimatet, da es sich um eine salzliebende Art handele – in dieser Senke wachse die Pflanze, weil sich hier das auf Raststätten großzügig ausgebrachte Streusalz sammelt: »Wenn es regnet, steht das Wasser hier etwas länger, und das Salz fließt zusammen. Das könnte auch eine Schlickfläche an der Küste sein!«

Nur eine Handbreit entfernt, oberhalb der Bordsteinkante, beginnt bereits ein vollkommen anderer Biotop, Feder bezeichnet ihn als *Kampfstreifen:* »Der erste Meter direkt an der Straße. Da treten die LKW-Fahrer dauernd drauf, wenn sie aus ihren Führerhäuschen springen. Da wird gemäht, da ist ständige mechanische Störung, die sorgt dafür, dass ganz viele Arten das nicht abkönnen.« Andere Arten hingegen können sich mit den widrigen Umständen wunderbar arrangieren, zum Beispiel die Gänse-Malve, die früher vor allem auf Hühnerhöfen und Gänseangern zu Hause war. »Je mehr man draufpatscht, umso besser. Die Art wurzelt relativ tief, die holt sich die Feuchtigkeit einen Meter aus dem Boden, und der Tritt von oben macht ihr nichts aus. Da ist sie im Vorteil – alle anderen werden zurückgedrängt.«

Wir haben mittlerweile die Polizeiwache und damit den östlichsten Punkt der Rastanlage erreicht und wenden uns, nachdem wir die wildwachsenden Gäste auf dem Besucherparkplatz inspiziert haben, wieder nach Westen. Wir wandern neben der Leitplanke an der A2 entlang, auf dem schmalen grünbraunen Band zwischen Autobahn und Parkplatz, als mir kurz vor dem Rasthaus ein penetrantes Aroma in die Nase fährt: süßlich und scharf zugleich, leicht karamellig im Abgang, erinnert an bayrischen Weißwurstsenf mit einem Schuss Ammoniak, oder …

»Hier stinkt es total nach Urin!«, ruft Feder gutgelaunt und deutet auf eine Pflanze mit elegant geschwungenen Blättern. »Das mögen die. Das sind alles Gänsedisteln, ein Nährstoffzeiger. Blattschön, hübsche Art!« Auch etliche andere Arten profitierten von der großzügigen Berieselung mit Stickstoffverbindungen und Phosphaten, der Krähenfuß-Wegerich etwa sei noch vor zwanzig Jahren in Niedersachsen abseits der Küsten ausgestorben gewesen – jetzt stünden hier gleich mehrere tausend Exemplare. »Die Leute sind zu faul, zwanzig Meter zum Klo zu laufen! Na ja, mich freut's. Das fördert die Arten.«

Entschlossenen Schrittes erklimmt der Botaniker den Lärmschutzwall, der auf Höhe des Motels beginnt und sich von dort parallel zur Autobahn nach Westen zieht. Obwohl ich gut zehn Jahre jünger bin als Feder und mir auf meine Wanderkondition wer weiß was einbilde, habe ich Probleme, mit ihm Schritt zu halten, verfluche meine unselige und nur dem Bestreben nach Seriosität geschuldete Entscheidung, für diese Exkursion nicht die Wanderstiefel angezogen zu haben.

Wir marschieren hintereinander die Kuppe des Lärmschutzwalls entlang, als wäre es ein Gebirgsgrat, das Rauschen des Verkehrsstroms zu unserer Linken, das Gewittergrollen der parkenden Vierzigtonner zur Rechten. Kurz vor dem Ende des Rastplatzes steigen wir in Richtung LKW-Overflow-Parkplatz ab – aber kaum haben wir uns von der Garbsener Nordwand abgeseilt, als sich auch schon mit hoher Geschwindigkeit ein Einsatzwagen nähert. Der Alpenverein? Die Bergwacht? Nein, natürlich die Autobahnpolizei. Hauptkommissar Loeper hat seine besten Männer losgeschickt.

Die beiden Polizisten sind noch jung, tragen vorschriftsmäßig Vollbart, das Haupthaar blond wie Mäusegerste. Schüchtern stehen sie vor ihrem Wagen, zuppeln an ihren Dienstmützen, trauen sich offenbar nicht, den seltsamen Mann in kurzen Hosen zu unterbrechen, der vor ihnen auf dem Rastplatz kniet. Jürgen Feder ignoriert sie seinerseits geflissentlich, redet unbeirrt weiter – kein Wunder, schließlich hat er gerade einen Nickenden Löwenzahn entdeckt und erläutert mir dessen raffinierte Methode der Fortpflanzung: Wenn der Nickende Löwenzahn abgeblüht ist, behält er am Rand des Pflanzenkopfs einen Kranz von Samen, die keinen Fallschirm haben und daher, anders als die übrigen Samen, nicht wegfliegen können. Das sei sein Markenzeichen!, sagt Jürgen Feder. Das mache in Deutschland nur der …

»Moin!«, unterbricht ihn, nun doch ungeduldig geworden, einer der Polizisten. »Können Sie mal kurz zuhören? Waren Sie auf der anderen Seite von dem Wall?«

Feder (beschwichtigend wie ein Schüler, den man beim Verlassen des Pausenhofs erwischt hat): »Nur ganz kurz!«

Der Polizist: »Wenn Sie das noch mal machen – rufen Sie vorher bei uns an, damit wir keine Einsätze produzieren. Damit wir wissen, dass Sie da rumlaufen.«

Feder: »Der Besitzer vom Rastplatz weiß Bescheid!« (In der Tat haben wir Franchisenehmer Münnich am Morgen über unseren Spaziergang informiert – was der Polizei herzlichst egal sein dürfte). »Aber Sie dann wahrscheinlich nicht?«

Der Polizist: »Nee, wir nicht.« (Wie auch?)

Feder: »Wir haben nur kurz …«

»Gab's einen Notruf?«, schalte ich mich ein, um das Gespräch aus einer drohenden Endlosschleife zu holen und weil ich als harmoniesüchtiger Mensch außerdem stets händeringend um Deeskalation bemüht bin.

Der Polizist (transponiert unseren Fall konziliant ins Allgemeine): »Besorgte Bürger rufen schnell mal an: Da zieht einer einen anderen hoch. Der ist bestimmt verletzt.«

Ich (erschrocken): »Im Ernst? Entschuldigung!«

Feder (einsichtig): »Ja, wir waren's.« (Zurück im Pennälermodus): »Aber nur ganz kurz!«

Der Polizist: »Alles klar. Da vorne ist unsere Wache. Wissen Sie ja. Einmal kurz Bescheid sagen.«

Feder: »Gut.«

Ich: »Danke.«

Der Polizist: »Viel Spaß!« (Und ab.)

Ich atme auf – das war's? Kein Bußgeld, keine Verwarnung, stattdessen eine freundliche Ermunterung zum Vergnügen? Mein innerer müVT hatte Drakonischeres erwartet.

Für den Rest unserer Exkursion bleiben wir trotzdem brav auf der straßenabgewandten Seite des Lärmschutzwalls – zu sehen gibt es auch hier genug. In Garbsen Nord, stellt sich heraus, wachsen drei verschiedene Ahornarten, der Feld-, der Spitz- und der Berg-Ahorn. Hier gedeiht die Gewöhnliche Schafgarbe. Es gibt Unmengen an Giersch. Hier wächst das Rote Straußgras, das Weiße Straußgras und die Stockrose, die Knoblauchsrauke und die Schwarz-Erle, der Wiesen-Fuchsschwanz, der Grünährige und der Zurückgebogene Amarant, der Acker-Gauchheil, das Wolfsauge, das Gewöhnliche Ruchgras, der Hunds- und der Wiesen-Kerbel, die Acker-Schmalwand, die Große Klette, das Thymianblättrige Sandkraut, der Glatthafer, der Gewöhnliche Beifuß, der Gemüsespargel und der Gewöhnliche Frauenfarn, die Verschiedensamige, die Langblättrige sowie die Spreizende Melde, die Schwarznessel, das Gewöhnliche Barbarakraut, das Ausdauernde Gänseblümchen, die Graukresse, die Hänge-Birke, der Raps, die Weiche Trespe, die Wehrlose Trespe, die Taube Trespe und die Dach-Trespe, das Land-Reitgras, die Ringelblume, die Zaunwinde, das Gewöhnliche Hirtentäschelkraut, das Behaarte Schaumkraut, die Krause Distel, die Behaarte und die Dichtährige Segge, die Hainbuche, die Wiesen-Flockenblume, das Acker-Hornkraut, das

Knäuel-Hornkraut, das Gewöhnliche sowie das Fünfmännige Hornkraut, der Taumel-Kälberkropf, der Weiße, der Gestreifte, der Unechte und der Australische Gänsefuß, die Wegwarte, die Acker-Kratzdistel und die Gewöhnliche Kratzdistel, der Kuba-Spinat, die Gewöhnliche Waldrebe, das Dänische Löffelkraut, der Gefleckte Schierling, die Acker-Winde, das Kanadische Berufkraut, der Blutrote Hartriegel, die Haselnuss, der Eingriffelige Weißdorn, der Kleinköpfige Pippau, der Besenginster, das Gewöhnliche Knäuelgras, die Wilde Möhre, die Sophienrauke, die Kahle und die Blutrote Fingerhirse, der Schmalblättrige Doppelsame, die Wilde Karde, der Klebrige Alant, die Gewöhnliche Hühnerhirse, der Gewöhnliche Natternkopf, die Kriechende Quecke, das Drüsige Weidenröschen, der Acker-Schachtelhalm, das Kleine Liebesgras und das Japanische Liebesgras, das Einjährige Berufkraut, der Gewöhnliche Reiherschnabel, das Frühlings-Hungerblümchen, die Garten-Wolfsmilch, der Acker- und der Hecken-Windenknöterich, der Japanische Staudenknöterich, der Rohr-Schwingel, der Westfälische Schwingel sowie der Rot-Schwingel, die Wald-Erdbeere, die Gewöhnliche Esche, der Stechende Hohlzahn, das Behaarte und das Kleinblütige Franzosenkraut, das Wiesen- und das Kletten-Labkraut, der Weiche Storchschnabel, der Kleine Storchschnabel, der Pyrenäen-Storchschnabel und nicht zu vergessen der Stinkende Storchschnabel, die Echte Nelkenwurz, der Gundermann, das Sumpf-Rohrkraut, das Efeu, der Wiesen-Bärenklau, das Kahle Bruchkraut, das Kleine Habichtskraut, das Wollige und das Weiche Honiggras, die Mäuse-Gerste, der Hopfen, das Echte Johanniskraut, das Gewöhnliche Ferkelkraut, die Walnuss, die Zarte Binse, der Kompass-Lattich, die Weiße, die Stängelumfassende, die Silberblättrige und nicht zuletzt die Purpurrote Taubnessel, der Rainkohl, der Herbst-Löwenzahn und der Nickende Löwenzahn, die Schutt-Kresse, die Fettwiesen- und die Magerwiesen-Margerite, das Gewöhnliche Leinkraut, die Schaumkresse, das Gewöhnliche Weidelgras, der Echte Hornklee, die Feld-Hainsimse, der Gemeine Bocksdorn, die Tomate, die Rosen-Malve, die Moschus-Malve, die Gänse-Malve sowie die Wilde Malve, die Strahlenlose und die Echte Kamille, der Schneckenklee, die Bastard-Luzerne, der Weiße und der Gewöhnliche Steinklee, das Einjährige Bingelkraut, das Acker-Vergissmeinnicht, die Gewöhnliche, die Täuschende und die Rotstängelige Nachtkerze, der Gehörnte und der Steife Sauerklee, der Saat-Mohn und der Klatschmohn, der Fünffingerige Wilde Wein, die Pastinake, der Wasser-Knöterich, der Acker-Ampfer-Knöterich und der Floh-Knöterich, das Rohr-Glanzgras, das Wiesen-Lieschgras, die Kapstachelbeere, das Gewöhnliche Bitterkraut, der Krähenfuß-Wegerich, der Spitzwegerich, der Vielarmige und der Große Wegerich, das Einjährige Rispengras, das Flache Rispengras, das Schmalblättrige Rispengras, das Gemeine Rispengras sowie das Wiesen-Rispengras, der Gewöhnliche Vogelknöterich, die Zitterpappel, der Gemüse-Portulak, das Gänse-Fingerkraut und das Kriechende Fingerkraut, die Kleine Braunelle, die Schlehe, der Gewöhnliche Salzschwaden, die Stieleiche, der Scharfe und der Kriechende Hahnenfuß, die Färber-Resede, die Robinie, die Gewöhnliche Sumpfkresse, die Hunds- und die Kartoffel-Rose, die Angenehme, die Armenische, die Haselblatt und die Gewöhnliche Brombeere, die Kratzbeere, die Himbeere, der Wiesen-Sauerampfer und der Kleine Sauerampfer, der Krause Ampfer, der Stumpfblättrige und der Wiesen-Ampfer, das Niederliegende Mastkraut, die Sal- und die Grau-Weide, der Schwarze Holunder, der Scharfe Mauerpfeffer, das Schmalblättrige, das Jakobs- und das Gewöhnliche Greiskraut, die Fuchsrote und die Grüne Borstenhirse, die Rote, die Weiße sowie die Bastard-Lichtnelke, das Taubenkropf-Leimkraut, der

Acker-Senf, die Ungarische Rauke, Loesels Rauke sowie die Gewöhnliche Rauke, der Bittersüße und der Schwarze Nachtschatten, die Kanadische und die Riesen-Goldrute, die Scharfe und die Kohl-Gänsedistel, die Gewöhnliche Eberesche, die Rote Schuppenmiere, der Sumpf-Ziest, die Gras-Sternmiere und die Vogelmiere, der Rainfarn, der Rotfrüchtige und der Gewöhnliche Löwenzahn, die Eibe, der Große und der Wiesen-Bocksbart, der Hasen-, der Feld-, der Schweden-, der Rot-, der Weiß- und der Kleine Klee, die Geruchlose Kamille, der Huflattich, die Große und die Kleine Brennnessel, die Schwarze und die Kleinblütige Königskerze, der Feld-, der Gamander-, der Efeublättrige, der Persische und der Quendelblättrige Ehrenpreis, die Vogel-Wicke und die Behaarte Wicke, das Acker-Stiefmütterchen sowie zu guter Letzt ein Gras, zu dem Jürgen Feder ein besonderes Verhältnis hat, weil sein Nachname in der deutschen Bezeichnung vorkommt: der Mäuseschwanz-Federschwingel. Insgesamt zweihundertsechzig Arten.

Nach dem mehrstündigen Marsch durch die Hitze fühlt sich mein Gehirn an wie gedünsteter Blumenkohl, die Haut an meinen Armen ist rot wie Borstenhirse – ich habe gerade noch Kraft für ein paar allerletzte Fragen. Vergangenheit, Gegenwart, Zukunft: Wie, will ich von Jürgen Feder wissen, hat sich die Flora in Garbsen Nord seit seinem ersten, unfreiwilligen Besuch verändert? Und wie geht es mit der hiesigen Pflanzenwelt weiter?

Die Artenvielfalt, sagt der Botaniker ohne zu zögern, habe sicherlich zugenommen: »Ich würde sagen, ein Drittel mehr Arten als vor vierzig Jahren.« Zum einen liege das schlicht daran, dass sich die Rastplatzfläche insgesamt vergrößert habe – vor allem aber gebe es mehr Austausch als früher, was die Verbreitung der Arten begünstigt: Der Warenverkehr habe sich verdoppelt, die Zahl der LKWs rasant zugenommen, alles sei intensiver geworden. »Ich hab das in den Achtzigern hier schon toll gefunden. Aber was in den letzten zwanzig Jahren passiert ist: irre!«

Allerdings, schränkt Feder nüchtern ein, lasse die Qualität der Arten nach, man könne das nicht eins zu eins aufrechnen. Vom Klimawandel würden naturgemäß vor allem wärmeliebende Arten profitieren: der Australische Gänsefuß etwa, der acht Monate ohne Regen auskommt. Oder die Blutrote Fingerhirse, die früher auf der Roten Liste stand, jetzt aber in Garbsen Nord förmlich explodiert: »Als ich in den Achtzigern hier war, gab es nicht eine Pflanze – jetzt wachsen hier zehntausend! Wir verhirsen!« Die Arten der Moore hingegen würden wegsterben, die Orchideenarten, alle Pflanzen, die auf Feuchtigkeit angewiesen seien: »Unsere Kulturgräser werden alle eingehen. Dann kriegen wir ein Grünland wie auf Mallorca. Mit unserer Massentierhaltung ist es dann zu Ende. Die Bauern wissen noch gar nicht, was auf sie zukommt!«

Wir sind mittlerweile an der Einfahrt zum Motel angekommen. Auf der Böschung daneben schwanken (Tatsache) die Ähren der Grünen Borstenhirse, ein paar Meter weiter protzen die Stängel des Zurückgebogenen Amarant, sie tragen bereits ihre ersten Dolden. Mitte August: eigentlich viele Wochen zu früh. Wegen ihres hohen Versiegelungsgrads, erklärt Jürgen Feder, heizen sich Autobahnrastplätze stärker auf als andere Orte: Die Erwärmung, die sich gerade im globalen Maßstab vollzieht, sowie die damit einhergehende Veränderung der Vegetation laufen hier daher noch schneller ab als anderswo.

Der Rastplatz nimmt also vorweg, was der gesamten deutschen Landschaft blühen wird?

»Genau«, sagt Feder. »So wie hier wird es in zwanzig, dreißig Jahren überall aussehen. Wenn es so weitergeht.«

Wir nehmen noch ein schnelles, dringend nötiges Getränk im Schatten der Petunien auf der Rasthausterrasse, dann verabschiedet sich der Botaniker. Er muss weiter, möchte heute noch nach Fulda – für die meisten Automobilisten vermutlich ein Katzensprung, aber Feder hält unterwegs immer wieder an, es gibt ja noch etliche andere Park- und Rastplätze, »ich gucke immer wieder neu«.

Ich bleibe allein zurück. Betrachte das Grau des Asphalts, dazu etliche Grün-, Gelb-, Rot- und Braunschattierungen, Zwischentöne, die ich heute Morgen noch nicht gesehen habe. Die vergangenen Stunden lassen mich wahrnehmungstrunken, aber auch mit einer ernüchternden Erkenntnis zurück: Der Ort, an dem ich mich gerade befinde, ist gewissermaßen eine Zeitkapsel, eine Flaschenpost aus der kommenden Welt. Rastplätze sind Futurlandschaften. Wer, im Guten wie im Schlechten, im Artenreichtum wie im Aussterben, unsere ökologische Zukunft sehen will: Der muss nach Garbsen Nord fahren.

# Abendstille

Ich sitze im Restaurant, es ist immer noch drückend heiß, Sommer der Dürre und des Missvergnügens.

An den beiden Geldspielautomaten im Gastraum hocken zwei Männer mit Shorts und Armeefrisuren, seitlich rasiert und oben gestriegelt, starren auf die rotierenden Scheiben. Der Linke bedient ein Spiel namens *Gladiator,* der andere eins namens *Tiara,* was bedeutet, dass auf den Walzen wahlweise römische Helme oder Diademe und anderer Adelsplunder zu sehen sind. Aber ihrer schlaffen Körperhaltung nach zu urteilen, scheinen die Männer nicht daran zu glauben, dass sie hier jemals etwas gewinnen werden, wahrscheinlich haben sie noch nie etwas gewonnen, gewinnen folgerichtig auch jetzt nicht.

Die nimmermüde Slush-Eis-Maschine im Selbstbedienungsbereich dreht sich ebenfalls und quietscht wie eine Mäusefamilie beim Tierversuch.


Ein schlaksiger, unsicher wirkender Trucker durchquert die ausgestorbene Verkaufsfläche, tritt an die Kasse des Free-Flow-Restaurants, die um diese Zeit zugleich als Motelrezeption und Anlaufstelle für Alles dient, und sagt mit starkem osteuropäischem Akzent: »Duschen!«

»*Three*«, sagt die Tresenkraft.

Der Trucker streckt dem Mann bereitwillig seinen LKW-Schlüssel entgegen.

»Nein, nein! Nicht *key – three!* Drei Euro!«, sagt der Mit-arbeiter und hält zur Verdeutlichung drei Finger hoch. »Sonst ist der Laster morgen weg!« Er lacht.

Der LKW-Fahrer schaut ihn eine Sekunde lang an, dann stimmt er ins Lachen ein. Vielleicht aus Solidarität, vielleicht auch nur, um sich keine weitere Blöße zu geben. Um zu über-spielen, dass er kein Wort verstanden hat.


Über den Flatscreenfernseher am hinteren Ende des Raumes tickern die Abendnachrichten, und als wüssten sie, wo sie be-trachtet werden, drehen sich alle um das Thema Mobilität. Washington erwägt Sanktionen gegen Teheran wegen des mut-maßlichen Angriffs der iranischen Revolutionsgarden auf zwei Öltanker im Golf von Hormuz. Über der mecklenburgischen Seenplatte sind zwei Eurofighter der Bundeswehr abgestürzt, Verteidigungsministerin Ursula von der Leyen tritt mit bewährt sorgenzerfurchter Stirn vor die Presse. Auf der A2 Richtung Oberhausen gab es einen Unfall, ein LKW-Fahrer fuhr auf ein Stauende auf, ein Ehepaar wurde in seinem Fahrzeug einge-klemmt, die umgehend eingeleiteten Wiederbelebungsmaß-nahmen blieben erfolglos. Der sogenannte Autogipfel, bei dem sich Vertreter der Automobilindustrie mit der Kanzlerin, dem Verkehrs- und Wirtschaftsminister sowie der Umweltministe-rin getroffen haben, blieb, wie zu befürchten, ohne Ergebnis.

Das Wichtigste zuletzt: das Wetter. Ein älterer Herr – ergrau-ende Prinz-Eisenherz-Frisur, fliehendes Kinn auf dem Weg zum Verschwinden – kommt herbeigeeilt, baut sich unmittelbar vor dem Flachbildschirm auf, sodass ich nur noch die Rückseite sei-nes Topfschopfs bewundern kann, und deklamiert erregt, an seine neben ihm stehende Gattin gewandt, jedes Wort der Vor-hersage mit.

Weiterhin sehr … »Weiterhin sehr heiß!«

Auch nachts … »Auch nachts kaum Abkühlung!«

Die weiteren Aussichten … »Kaum Wetteränderung in Sicht!« Puh.

Ich verlasse das Restaurant für einen Verdauungsspaziergang und nehme wieder einmal die Spartanische Promenade: ein Weg, auf dem ich mittlerweile jeden Betonquader zu kennen glaube. Ich grüße das Kahle Bruchkraut und die Gänse-Malve, die Picknicktische und die Parkbuchten, den herumliegenden Müll und die dafür vorgesehenen Container – und dann sehe ich IHN. Jenen Mann, der mein Weltbild vor einem Vierteljahrhundert so intensiv erschütterte wie das erste Westküsten-Gras, wie mein Besuch auf dem Grünen Hügel, meine erste naturreligiöse Ekstase: Was hat Jacques Derrida hier zu suchen?

Er ist es natürlich nicht selbst, der Philosoph ist seit fünfzehn Jahren tot. Aber dass ich einen Aufkleber mit seinem Konterfei auf dem Müllcontainer einer Raststätte antreffe, ist für mich in diesem Moment kaum weniger überraschend, als wenn er persönlich auf dem Bottich thronen und eine Vorlesung über die Iterabilität der Verkehrszeichen halten würde. Er trägt ein dunkles Hemd mit weißen Streifen, die Hemdsärmel hat er halb aufgeknöpft, den linken Arm über die Lehne seines Stuhls gelegt und blickt mich mit durchdringendem Du-willst-es-doch-auch-Blick an. Ein bisschen spöttisch, ein bisschen überlegen, die Lippen leicht geschürzt, unter seinem Bild die kryptische Forderung: »Stellingen dekonstruieren«.

Ich muss gestehen: Ich habe keine Ahnung, was damit gemeint sein könnte. Ich weiß nur: Wo selbst auf Müllcontainern die Dekonstruktion eingefordert wird – das muss ein genuin philosophischer Ort sein.

# Prolegomena zu einer Philosophie der Raststätte

## Exklusivität

Das Erste, was dem philosophisch interessierten Betrachter auf einer Raststätte wie Garbsen Nord ins Auge fällt, ist, dass es sich um einen ausnehmend exklusiven Ort handelt. Nicht im Sinne eines englischen Clubs, *members only*, prinzipiell kann jeder und jede eine Raststätte aufsuchen. Es gibt keine Zutrittsbeschränkungen hinsichtlich Geschlecht, Alter, Ethnie, Religionszugehörigkeit oder sexueller Orientierung. Man benötigt keinen Mitgliedsausweis, keinen Pass, keine Papiere.

Dennoch ex-kludiert der Ort im eigentlichen Wortsinn, schließt also aus, nämlich insofern, als er in der Regel nur über die Autobahn erreichbar ist. Und das heißt: nur für Menschen, die in einem Kraftfahrzeug unterwegs sind, dessen durch die Bauart bestimmte Höchstgeschwindigkeit mehr als sechzig Stundenkilometer beträgt (§ 18 Abs. 1 Satz 1 StVO). Traktoren haben hier nichts verloren, auch keine Moped- oder Radfahrer (Flaschensammler bestätigen die Regel), Reiter oder Skateboarder, und auch Fußgänger eigentlich nur, wenn sie gerade einem Personen- oder Lastkraftwagen entstiegen sind. Anders gesagt: So gut wie jeder Besucher einer Rastanlage ist mit einem Fahrzeug hierher gelangt, das zu übermenschlichen Geschwindigkeitsleistungen in der Lage ist, und er hat in aller Regel vor, sobald wie möglich in dieses Gefährt zurückzukehren.

Das bedeutet: Der Aufenthalt auf einer Rastanlage ist nur ein Zwischenzustand, ein Moment der unfreiwilligen Entschleunigung. Eine Phase, die dem Reisenden durch »Naturhindernisse« (Karl Marx) wie Harndrang, Hunger und Durst oder vergleichbare Bedürfnisse des Motors (Treibstoff, Wasser, Öl) aufgezwungen wird und die er umgehend hinter sich lassen möchte. Die Raststätte ist per definitionem jener Ort, wo man als Reisender nicht hinwill. Die ganze Anlage vibriert von dieser Grundunruhe, diesem Bedürfnis nach Rückkehr in die Beschleunigungsgesellschaft. Schnell tanken, schnell pinkeln, schnell einen Coffee-to-go kaufen, dann schnell weiter. Weg.

Und zwar alle in eine Richtung.

## Exzentrizität

Es zählt zu den räumlichen Besonderheiten der Raststätte, dass sie für Normalreisende nur auf einem einzigen Weg erreichbar ist, nämlich über die Ausfädelungsspur der Autobahn; und dass sie auch nur auf einem Weg wieder verlassen werden kann, über den Einfädelungsstreifen am Ende der Anlage. Viele Raststätten verfügen zwar über eine rückwärtige Anbindung an das sogenannte sekundäre Straßennetz, also an Landstraßen oder Feldwege – doch ist die Benutzung dieser Zu- und Abfahrten in der Regel der Polizei, dem Rettungsdienst sowie Mitarbeitern der jeweiligen Anlage vorbehalten.

Der vielgescholtene Schilderwald trägt auf einer Raststätte denn auch eher Züge einer Monokultur: Die dominierenden Verkehrszeichen sind das Zeichen Nummer 267, »Verbot der Einfahrt«, weißer Querbalken auf rotem Grund. Sowie das Zeichen 209–10, der weiße, um neunzig Grad gekrümmte Pfeil vor seeblauem Hintergrund, der das Abbiegen regelt, »vorgeschriebene Fahrtrichtung – links«. Sie leiten den Reisenden unerbittlich zum Ausgang, zurück zur Straße.

Die Autobahn, schreibt der Philosoph Otto Friedrich Bollnow, sei ein »exzentrischer Raum«, da sie stets auf ein Ziel jenseits des aktuellen Aufenthaltsorts verweist: Ein solcher Raum »hat keine Mittelpunkte, sondern zieht den Menschen unwiderstehlich in die unendliche Ferne«. Dies gilt auch für die Raststätte: Sie ist eine Art Blase am Rande der Autobahn, eine Ausstülpung, die aber dennoch dem raumphilosophischen Regime der Straße unterworfen ist. Obwohl sie ihrem Wesen nach statisch zu sein scheint, zeichnet sie sich durch extreme Exzentrizität aus. Der »Zug nach vorn«, der auf der Straße so dominant zu verspüren ist, lässt den Reisenden auch bei der Rast nicht los.

## Verengung

Mit diesem Vorwärtszug geht eine merkliche Verschlankung des Raumes einher, dem, was Bollnow den »Verlust der Breitendimension« nennt. Alles, was jenseits der Leitplanken liegt, links und rechts der Nurautostraße, ist demnach kein er-fahrbarer Raum mehr, sondern bekommt eine eigentümliche Bildhaftigkeit. Wie ein Gemälde kann es zwar betrachtet, aber niemals dreidimensional erfahren werden: Die Landschaft bleibt für den Autobahnreisenden »im Raum des Unbetretbaren, und die faktische Unerreichbarkeit (…) bedingt das Realitätsbewusstsein«.

Dieser Befund gilt ebenso für Raststätten. Auch wenn die Anlagen natürlich breiter sind als die Autobahn (die Nord-Süd-Ausdehnung von Garbsen Nord beträgt ungefähr fünfzig Meter, die Breite der A2 in jeder Richtung gemäß Regelquerschnitt exakt vierzehneinhalb Meter inklusive Standspur), sind sie doch ebenfalls eher lang als breit, und die sie umgebende Landschaft ist durch Zäune, Hecken sowie fehlende Anbindung an das übrige Straßennetz de facto von der Umgebung abgeschnitten.

Nur die wenigsten Menschen, die in Garbsen Nord Halt machen, dürften beispielsweise wissen, dass sich wenige Meter hinter dem Rasthaus eine Rennbahn für Windhunde befindet (Streckenrekord: 480 Meter in 31 Sekunden). Und auch der in Arschbombenspritzweite liegende Blaue See dürfte der Mehrzahl der Reisenden nur durch die braun-weiße touristische Unterrichtungstafel an Autobahnkilometer 227,4 bekannt sein. Anders formuliert: Nicht nur beim Fahren, auch beim Rasten verschwimmt und verschwindet alles, was jenseits der Autobahnmatrix liegt. Wer in Garbsen Nord anhält, will weder Windhunde noch einen Baggersee sehen, sondern behält stets seine Destination im Blick.

In dieser Hinsicht ähnelt die verengte Perspektive des Raststättenbesuchers der des modernen Individuums schlechthin: Nicht nur in Garbsen Nord – auch auf unserer sonstigen Lebensreise sind wir meist ungeduldig auf einen Telos fixiert, der außerhalb unseres Horizonts und jenseits unseres aktuellen Aufenthaltsorts liegt. Das Ziel ist das Ziel. Der Weg ist im Weg.

## Chronotopie

Diese vorwärtsgerichtete Raumwahrnehmung führt auch zu einer spezifischen Erfahrung der Zeit. Mit dem russischen Literaturwissenschaftler Michail Bachtin könnte man sagen: Die Raststätte ist ein Chronotopos – ein Raum also, in dem, wie die griechischen Wortbestandteile *chronos* und *topos* nahelegen, räumliche und zeitliche Merkmale miteinander verschmelzen: »Die Merkmale der Zeit offenbaren sich im Raum, und der Raum wird von der Zeit mit Sinn erfüllt und dimensioniert.«

Der Chronotopos befördert also ein bestimmtes Zeitempfinden und -erzählen. Der zerfallende Familienstammsitz im Schauerroman, aus dessen Fundamenten die Geister der Verstorbenen emporsteigen, fordert die Konfrontation mit dem Vergangenen, Verdrängten heraus. Die Autobahn, die mehr oder minder gerade in unendliche Weiten zu führen scheint, weist hingegen in die Zukunft: Der Fahrende bewegt sich auf ihr wie auf einem linearen Zeitstrahl voran, befindet sich in ständiger Bewegung. Er ist niemals ganz in der Gegenwart, sondern hat stets ein Ziel vor Augen, dessen Erreichen notwendigerweise, auch zeitlich gesehen, vor ihm liegt. Vorwärts immer, rückwärts nimmer.

Oder wie es in der Straßenverkehrsordnung § 18 Abs. 7 heißt: »Wenden und Rückwärtsfahren sind verboten.«

## Autonomie

Dieses geradlinige Streben in die Zukunft wird durch die Tatsache begünstigt, dass die Bundesautobahnen grundsätzlich kreuzungsfrei sind. Ermöglicht wird diese Kreuzungsfreiheit freilich erst dadurch, dass die Autobahnen Ortschaften nicht direkt miteinander verknüpfen, sondern mehr oder minder weiträumig an ihnen vorbeiführen. »Waren es zunächst die Städte, die durch die Straßen verbunden wurden«, schreibt Otto Friedrich Bollnow, »so wurden mit der Entwicklung des modernen Verkehrs die bestehenden Städte mit ihren oft engen Ortsdurchfahrten zu einem Hindernis, und die Straßen machten sich selbständig.«

128

Man könnte auch sagen: Ursprünglich war das Verhältnis zwischen Siedlungen und Straßen dialektisch. Die Ortschaften wurden durch Straßen verbunden, zugleich brachten die Straßen bessere Verkehrs- und Handelsmöglichkeiten und damit auch neue Ansiedlungen hervor. Die moderne Nurautostraße kappt dieses symbiotische Verhältnis: Sie mag zwar in die Nähe bestehender Städte führen, führt aber nur selten in sie hinein – und wenn doch, ist sie durch Schallschutzwände, Brücken, Tunnel und andere bauliche Maßnahmen von ihrer Umgebung getrennt. Sie bleibt ein architektonischer Fremdkörper.

Diese Autonomie bringt mit sich, dass Reisende auf der Autobahn von der Infrastruktur jener Orte, die sie passieren, weitgehend abgeschnitten sind. Anders als bei der Landstraße oder gar dem Wanderpfad liegen bei der Autobahn keine historischen Gasthäuser oder Hotels am Wegesrand. Die Raststätten füllen diese Lücke, bleiben dabei aber, im doppelten Wortsinn, auto-nom: vom Auto bestimmt sowie umgebungsunabhängig.

Niemals wird sich um eine Raststätte eine Ortschaft entwickeln wie einst um die Gasthöfe an den Kreuzungen alter Handelswege – allenfalls eine temporäre, fluktuierende Ansiedlung. Eine Kurzzeitstadt aus parkenden Lastern, Campingbussen, PKWs, in denen Reisende eine dringend benötigte Pause einlegen, schlafend auf dem zurückgeklappten Fahrersitz, aufs Lenkrad gelehnt oder die Rückbank gekrümmt … bevor sie weitermüssen und diese Interimsortschaft zerfällt.

## Heterotopie

Die Raststätte bildet also bloß ein temporäres Bezugssystem: den Rahmen und Hintergrund für das gleichzeitige Verweilen einander fremder Personen am selben Ort, aus dem sich aber schwerlich etwas wie Freundschaft oder Gemeinschaft ergeben wird. Aus diesem Bewusstsein – dass man die Menschen, in deren Nähe man sich befindet, vermutlich niemals wiedersehen und keine sozialen Beziehungen mit ihnen aufbauen wird – resultiert nun jenes spezifische Verhalten, das Menschen auf Rastanlagen an den Tag legen, anderswo aber vermutlich schamhaft unterdrücken würden.

Sie recken und dehnen sich nach dem Aussteigen erst einmal und gähnen hemmungslos wie vor dem heimischen Badezimmerspiegel. Sie kratzen sich an der Plauze, massieren sich die verspannte Gesäßmuskulatur und machen öffentlich Durchblutungsgymnastik. Sie urinieren für alle Welt sichtbar neben den Picknicktischen ins Gras, abgerauchte Kippen landen im Gras, Auswurf auf dem Asphalt, Müll neben den Containern. Und all das, zumindest in Garbsen Nord, in Sichtweite einer Polizeiwache, offenbar ohne Furcht vor sozialer Ächtung oder einem Bußgeld.

Dieses jenseits gängiger gesellschaftlicher Normen liegende Verhalten verdankt sich vermutlich nicht nur der Flüchtigkeit des Aufenthalts, sondern auch der Tatsache, dass der Raumcharakter einer Raststätte zwischen Öffentlichkeit und Privatsphäre oszilliert. Wenn der Reisende seinem Auto entsteigt, befindet er sich mit einem Bein noch in seinem privaten Fahrzeug, für das juristisch gesehen die Unverletzlichkeit der Wohnung gilt – mit dem anderen steht er bereits im öffentlichen Raum. Sein Körper ist zerrissen, gehört gleichzeitig diesen zwei Reichen an, und der Raststättenbesucher muss ständig aushandeln, welches davon sein Verhalten dominiert.

Mit dem Philosophen Michel Foucault könnte man sagen: Es handelt sich bei Raststätten um Heterotopien, also um »andere Räume« oder »Gegenräume«: Orte, die es tatsächlich gibt, die aber gleichsam aus der Welt gestanzt zu sein scheinen. Die sonst üblichen Regeln des Zusammenlebens sind hier außer Kraft gesetzt, deshalb können hier, im Guten wie im Schlechten, Verhaltensweisen erprobt und ausgelebt werden, die anderswo tabu wären. Anders gesagt: An heterotopischen Orten kann man sich gehen lassen – auch wenn sie ausschließlich mit dem Auto erreichbar sind.

## Nicht-Ort?

Wobei sich die grundsätzliche Frage stellt, ob es sich bei Raststätten tatsächlich um vollwertige Orte handelt – oder nicht doch eher um Schwundstufen derselben, um *non-lieux* oder »Nicht-Orte«. Mit diesem Begriff bezeichnet der Anthropologe Marc Augé transitorische Räume wie Flughäfen, Bahnhöfe, Tankstellen, Einkaufszentren, Autobahnen und eben Raststätten: Räume also, die einerseits speziell auf die Bedürfnisse von Reisenden zugeschnitten sind, die andererseits aber erst dadurch, dass sie bereist werden, den Charakter einer Übergangszone erhalten. »(D)ie Bewegung, welche ›die Linien verschiebt‹ und durch die Orte hindurchführt«, schreibt Augé, erzeuge »per definitionem Reisewege, das heißt: Worte und Nicht-Orte. (…) Der Raum des Reisenden wäre also der Archetypus des Nicht-Ortes.«

Ein solcher *non-lieu* ist, wie der Name schon sagt, vor allem durch seine Mangelhaftigkeit, durch Negativität definiert. Augé zufolge sind es vor allem drei Eigenschaften, die dem Nicht-Ort abgehen: Er hat erstens keine »Relation«, steht also in keiner Beziehung zu der ihn umgebenden Landschaft (auch wenn die auf Raststätten angebotenen Produkte, Reiseführer und Landkarten manchmal verzweifelt den Eindruck von Regionalität vermitteln wollen).

Er verfügt zweitens über keine »Geschichte«, das heißt: Er trägt keine Spuren oder Sedimente früherer Siedlungen und Bauwerke in sich. Er schließt in der Regel auch nicht an regionale Traditionen an (Ausnahmen wie das Rasthaus am Chiemsee, das nach dem Vorbild lokaler Bauernhöfe gestaltet wurde, bestätigen die Regel), sondern bleibt in seinem Umfeld ein architekturhistorischer Fremdkörper.

Drittens und letztens hat der Nicht-Ort auch keine »Identität«, ist also im Großen und Ganzen austauschbar: Es macht keinen wesentlichen Unterschied, ob man an der Raststätte Ellund West kurz vor der dänischen Grenze aufs Klo geht oder auf dem Rasthof Gersthofen ganz im Süden der Republik: Die Sanifair-Toiletten sehen überall mehr oder minder gleich aus, ja der Wiedererkennungseffekt ist geradezu ihr Markenkern. Wer sie aufsucht, möchte vor allem eines: nicht überrascht werden.

Diese drei Eigenschaften des Nicht-Ortes färben nun, Augé zufolge, auf den Durchreisenden ab: »Der Raum des Nicht-Ortes befreit den, der ihn betritt, von seinen gewohnten Bestimmungen. Er ist nur noch, was er als Passagier, Kunde oder Autofahrer tut und lebt.« Anders gesagt: Der Nicht-Ort lässt seinen Besucher verblassen, eindimensionaler werden. Er macht ihn austauschbar, anonym, zu einer menschlichen Hülse, einem Nicht-Subjekt. »Der Nicht-Ort«, so Marc Augé, »beherbergt keinerlei organische Gesellschaft.«

Aber: Das gilt natürlich nur für die Durchreisenden, die im Stehen ihren Coffee-to-go herunterkippen oder an den Picknicktischen zwischen Schweinepestwarnschildern und Derrida-Aufklebern ihre Pausenbrote auswickeln. Für die vielen tausend Menschen, die in einem Nebenbetrieb an der Autobahn arbeiten – sei es als Manager, Betriebsleiterin, Flaschensammler, Polizist oder Biologe –, ist die Raststätte durchaus ein Ort mit Identität, Relation und Geschichte.

Und auch die Legionen von Lastwagenfahrer, die hier regelmäßig ihre Haltezeiten absitzen, die in ihren Fahrzeugen schlafen, essen, trinken, telefonieren, fernsehen, die hier also tatsächlich einen erheblichen Teil ihres Lebens verbringen, haben zu Raststätten, so wage ich zu vermuten, ein durchaus intimes Verhältnis.

## Postskriptum

Ein fußballhistorisch bewanderter Freund hilft mir später, das vorgebliche Derrida-Zitat zu dekonstruieren. Im Hamburger Stadtteil Stellingen spielt die zweite Mannschaft des Hamburger Sportvereins. Indem der HSV metonymisch auf diesen Stadtteil und zugleich auf seinen B-Kader reduziert wird, sollen dessen Fans, so der Freund, offenbar gedemütigt und dem Verein die Vorherrschaft über die Hansestadt abgesprochen werden – es müsse sich, folgert er, mithin um einen Sticker von Anhängern des FC St. Pauli handeln. Das Verb *dekonstruieren* sei in diesem Zusammenhang wohl als ironisch-überhöhte Umschreibung für *auseinandernehmen* oder *plattmachen* zu verstehen; übersetzt bedeute die Wendung »Stellingen dekonstruieren« also ungefähr: Scheiß HSV.

# David gegen den
# Rest der Welt

Da ich in meiner wohlbehüteten, von humanistischen Werten und lateinischen Vokabeln geprägten Frühzeit am Rand einer besenreinen südwestdeutschen Landeshauptstadt nie persönlich mit Lastwagenfahrern in Kontakt kam, wuchs ich im guten Glauben auf, dass Angehörige dieses Berufsstands grundsätzlich so aussehen wie Marius Müller-Westernhagen in dem Achtzigerjahre-Roadmovie *Theo gegen den Rest der Welt*.

Lederjackig. Lässig. Schnoddrig, mit überdimensionierter Klappe und dem Herzen (wo sonst?) am rechten Fleck. Charmant übermüdete Existenzialisten der Straße, die auf die harte Tour gelernt haben, dass das Leben eine Autobahnbaustelle ist, dass es trotz Staus, Schlaglöchern und Ladungsdiebstahl aber immer irgendwie weitergeht.

Inzwischen weiß ich: Das ist natürlich Quatsch. Kein Lastwagenfahrer der Welt sieht so aus wie Marius Müller-Westernhagen in *Theo gegen den Rest der Welt*. Nicht einmal Marius Müller-Westernhagen selbst sieht noch so aus wie Marius Müller-Westernhagen in *Theo gegen den Rest der Welt*. Außerdem sind die meisten Berufskraftfahrer bei Weitem nicht so redselig wie der schnoddrige Theo aus Herne.

Unzählige Stunden verbringe ich während meines Aufenthalts in Garbsen Nord mit dem Versuch, mit einem der LKW-Fahrer, die hier Pause machen, ins Gespräch zu kommen – vergeblich. Die erste und zugleich größte Schwierigkeit: Die meisten Trucker verlassen gar nicht erst ihre Kabine (sagt man wirklich Kabine? Oder doch eher Kajüte? Kabuff? Irgendein anderes Wort mit K?). Viele haben ihre Fahrzeugscheiben mit Vorhängen verdeckt, sitzen oder liegen lieber im Dunkeln oder im matten Schein eines Bildschirms – und wer wollte es ihnen verdenken? Draußen herrschen fast vierzig Grad im Schatten, vom Himmel brezelt die Sonne, auf dem Asphalt könnte man Amarantbrötchen backen.

Die zweite Schwierigkeit: Die meisten Lastwagenfahrer, zumindest an der A2, kommen eben nicht aus Herne, sondern aus Warschau, Kattowitz, Minsk, Dnipro, Plowdiw – und meine Kenntnisse des Polnischen wie auch aller anderen osteuropäischen Sprachen, *nie umiem mówić po polsku,* sind leider so gut wie inexistent. Umgekehrt sprechen jene Trucker, die dann doch mal ihre Kajüte verlassen, kein Wörtchen Deutsch oder Englisch – oder vielleicht haben sie auch bloß keine Lust, sich den Feierabend durch die aufdringlichen Fragen eines Fremden verderben zu lassen. Wenn ich sie anspreche, ziehen sie sich jedenfalls umgehend in den Safe Space ihrer Muttersprache zurück, zucken lächelnd mit den Schultern, widmen sich wieder ihrem Smartphone, ihrem Getränk, ihrer Zigarette.

Doch dann, am letzten Tag meines Aufenthalts, ich freunde mich gerade mit dem Gedanken an, die Causa Truckergespräch ad acta zu legen und stattdessen in meinem Motelzimmer *Theo gegen den Rest der Welt* zu gucken, lerne ich David kennen. Es ist kurz vor halb sieben, Feierabendstimmung, ich sitze an einem der rot lackierten Picknicktische in der Lärmzone, als er aus Richtung des Rasthauses an mir vorbeigeschlendert kommt, in der Pranke einen Kulturbeutel mit Camouflage-Muster.

David, muss man dazusagen, ist ein Goliath. Ein Monstertruck von einem Mann, schwarzes Muscle Shirt, braungebrannter Bizeps, ein sorgfältig konturierter Vollbart sowie ein Crew Cut, der ihm in Kombination mit dem Militärnecessaire die Anmutung eines amerikanischen Navy Seals verleiht. Um seinen Stiernacken baumelt ein silbernes Kettchen – das heißt, wahrscheinlich handelt es sich um eine ausgewachsene Kette, aber um einen solchen Hals verwandelt sich jedes Ding in seinen Diminutiv, außerdem ein Ledermedaillon mit einem Sternzeichensymbol: Skorpion.

»Hey, ich bin auch Skorpion!«, könnte ich zum Einstieg sagen – lasse es aber lieber, weil das doch irgendwie *creepy* oder anmacherisch rüberkommen könnte, und beides erscheint mir für das, was ich vorhabe, fehl am Platz. Ich fasele also, als David, von dem ich zu diesem Zeitpunkt noch nicht weiß, dass er so heißt, unvorsichtigerweise neben meinem Tisch zum Stehen gekommen ist, etwas von »Autor« und »Buch« und »Raststätte« und »alle sozialen Schichten abbilden« und »total interessant« und wedele dazu mit meiner schwarzen Schreibkladde, als würde sie irgendetwas beweisen oder legitimieren.

David betrachtet mich mit dem mitleidig-geduldigen Blick eines Kindergartenerziehers, dem ein Schützling gerade so wortreich wie unbeholfen das Aussterben der Dinosaurier erklärt hat. »Du willst mich doch nicht ausrauben?«, unterbricht er mich schließlich, gediegener Bariton, gutmütiger rheinischer Singsang.

Ich lache verlegen: Ist das sein Ernst und leidiger Lastwagenfahrererfahrung geschuldet? Oder erlaubt er sich auf meine Kosten einen Scherz? Wie, bitte schön, sollte ein Hänfling wie ich einen wandelnden Schwertransporter wie ihn überwältigen sollen? Ich stottere also beruhigende Leerformeln wie »ach was« und »niemals« und »nur reden«, und fühle mich zugleich ein wenig geschmeichelt, weil ich ja vielleicht doch nicht ganz so harmlos aussehe, wie ich immer denke.

David guckt auf seine Armbanduhr. Bis morgen früh um halb sechs habe er Zeit, sagt er gleichmütig; er müsse jetzt ohnehin seine gesetzlich vorgeschriebene Ruhezeit einhalten (gemäß EU-Verordnung Nr. 561/2006: »Zur Harmonisierung bestimmter Sozialvorschriften im Straßenverkehr« müssen Lastwagenfahrer jeden Tag elf Stunden kontinuierliche Rast machen). Er deutet in Richtung Tankstelle, hebt mit der anderen Hand erläuternd seinen Kulturbeutel: »Ich hol mir nur kurz was zu rauchen an der Tanke. Duschen geh ich dann eben später.«

Er nickt mir noch einmal zu und rollt dann gemächlich davon. Ich warte, kritzele schon einmal erste Eindrücke nieder: *Ein Monstertruck von einem Mann ...*


Als David nach zehn Minuten wiederkommt, scheint er sein Misstrauen immer noch nicht ganz abgelegt zu haben, meine Einladung zum Bier lehnt er jedenfalls ab, auch setzen will er sich nicht. Ich stehe also auf, stelle mich neben ihn, er dreht sich eine Zigarette, wir tauschen Vornamen aus, Alter, Herkunft, weitere Angaben zum Personenstand.

David ist gut zehn Jahre jünger als ich: vierunddreißig. Er kommt zwar nicht wie Theo aus Herne, aber doch immerhin aus derselben Ecke, Bergisch Gladbach, schlappe siebzig Kilometer entfernt, tief im We-he-he-ste-he-hen, wie Herbert Grönemeyer singen würde. Angestellt ist er bei einer Spedition in Dortmund, fährt für sie auf Zuruf kreuz und quer durch die Republik, wohin auch immer das GPS ihn führt. Die Orte, wo er seine Fracht abholen und wieder abliefern muss, bekommt er von einem Logistiker aufs Gerät gespielt – er, David, ist die menschliche Schnittstelle, überträgt die Koordinaten auf das Steuer seines Vierzigtonners.

Vierzig Tonnen?

»Mit Ladung. Leer wiegt er nur fünfzehn.« Mit diesem Riesen transportiert er seine Waren, egal was, »alles, was nicht verderblich ist«. Gerade ist er auf der Rückfahrt aus Berlin, wo er heute Morgen eine Ladung Baugerüste abgeliefert hat. Morgen früh muss er weiter ins Ruhrgebiet, am Wochenende ist er wieder zu Hause im Bergischen Land.

Und? Macht ihm das ständige Unterwegssein Spaß? Oder …

Er sei Lastwagenfahrer mit Leib und Seele!, erklärt David ohne zu zögern und bekommt dazu einen Blick, der mit *leuchtende Augen* nur unzulänglich umschrieben ist. Er liebe diesen Beruf. Gerade sei er zwei Wochen im Urlaub gewesen – aber am Ende habe er sich schon wieder auf die Arbeit gefreut. Endlich wieder Lastwagen fahren! Es zog ihn zurück auf die Straße.

Seinen Beruf hat David, ähnlich wie Raststättenbetreiber Marc Münnich, quasi mit der Muttermilch aufgesogen, oder besser: mit dem väterlichen Diesel. Schon sein Vater war LKW-Fahrer, nahm ihn und seinen älteren Bruder mit auf seine Touren. Deutschland, Niederlande, Belgien, Frankreich: Im Sommer, während der großen Ferien, seien sie immer sechs Wochen lang zu dritt unterwegs gewesen, nachts schliefen sie im Stockbett in der Fahrerkabine, »wie Camping« sei das gewesen, schwärmt David. Auch sein Bruder ließ sich von der Begeisterung anstecken, nach der Schule folgten beide Söhne in den Reifenspuren ihres Vaters, wurden LKW-Fahrer. Der Vater sei inzwischen in Rente, erzählt David, dürfe aber manchmal noch im Laster seines Bruders mitfahren. Aber: nur auf dem Beifahrersitz. Und: keine klugen väterlichen Ratschläge. »Das hat mein Bruder gleich klargemacht: Jetzt bin ich der Chef.«

Mit gelindem Erstaunen stelle ich fest, dass sich ausgerechnet an einem so transitorischen Ort wie einer Raststätte Genealogie und Erbschaft als wiederkehrende Themen, ja Leitmotive herauszukristallisieren beginnen. Ist dieses Erstaunen meiner bildungsbürgerlichen Arroganz geschuldet, dem Glauben, dass nur Arztsöhne, Rechtsanwaltstöchter und andere Akademikerkinder den Beruf ihrer Eltern ergreifen? Oder verdankt es sich meinen eigenen unausgegorenen Schuldgefühlen, weil ich nicht in die Fußstapfen meines Vaters und meiner Mutter getreten und Musiker geworden bin?

David und sein Bruder haben aus genealogischer Sicht jedenfalls alles richtig gemacht, führen das väterliche Erbe fort, arbeiten sogar beide für dieselbe Spedition: Wenn sie zufällig in derselben Gegend unterwegs sind, treffen sie sich abends auf einer Rastanlage, »dann wird gegrillt, klar«. Der ältere Bruder habe immer einen Elektrogrill mit an Bord – aber abgesehen davon, sagt David, sei die Einrichtung so eines Vierzigtonners eher spartanisch, eine Schlafkoje, ein Fernseher, ein Kühlschrank, ein kleiner Kocher.

Eine Campingtoilette?

»Neeeeeee!«

Wenn David etwas vehement verneint, sinkt seine Stimmhöhe um eine geschätzte Oktave, verwandelt sich vom Fischer-Dieskau-mäßigen Bariton zu einem subsonischen Bass, als dieselte in seinem Körper ein 500-PS-Motor. Ich muss an den Roman *The Third Policeman* von Flann O'Brien denken, wo die Polizisten eines irischen Dorfes so viel Zeit auf ihren Dienstfahrrädern verbringen, dass sie sich durch molekularen Austausch allmählich in ihre Fahrzeuge verwandeln: Wenn sie stehen bleiben, müssen sich die Polizisten immer an eine Hauswand lehnen, damit sie nicht umfallen. Vielleicht, denke ich, nähern sich auch Lastwagenfahrer allmählich dem Wesen ihrer Zugmaschinen an. Vielleicht verbringen sie so viel Zeit in ihren LKWs, dass sie allmählich vertruckisieren.

»Neeeeeee!«, dröhnt es jedenfalls aus der Brust von Lastwagenfahrer David, ein Klo in der Kabine, auf so kleinem Raum: Das wäre dann doch zu eklig. Viele Kollegen hätten für kleinere Verrichtungen aber eine leere Flasche oder einen Topf dabei. Und hier – er schwenkt mit raumgreifender Geste über den Parkplatz – sei es ja auch sicher, nachts die Kabine zu verlassen und sich zum Pinkeln an den Zaun zu stellen. (David sagt tatsächlich *Kabine* – kein klandestiner Truckerjargon, keine ausgefallene Metapher mit K. Er sagt übrigens auch nicht *Trucker*, sondern einfach *Lastwagenfahrer*.) In anderen Gegenden, fährt David fort, zumal in Großstädten, sei das durchaus anders: Da bleibe man, wenn man in irgendeinem Gewerbegebiet oder auf einem Parkplatz am Stadtrand parke, nachts besser in seinem Gefährt. (Dann, so schließe ich messerscharf, kommt die leere Flasche beziehungsweise der Nachttopf zum Einsatz.)

Seine Kabine, so David, sei jedenfalls sein Rückzugsgebiet, sein Reich: Dort habe kein anderer Mensch was zu suchen. Ich nicke verständnisvoll, murmele »logisch«, auch wenn ich in diesem Moment schweren Herzens eine Frage fahren lassen muss, die mir schon seit Längerem auf der Zunge liegt, nämlich: Darf ich mal deine Kabine sehen?

Stattdessen frage ich, forscher geworden: »Auch keine Prostituierte?«

Wieder das gutturale Motorgrollen. »Neeeeeee!«

Klar, relativiert David nach kurzem Überlegen: Die könne man sich schon in die Kabine bestellen, die Nummern stünden ja in der *Hannoverschen Allgemeinen,* bei den Kleinanzeigen. Oder zu Hause im *Kölner Express,* außerdem gebe es ja das Internet. Aber, noch einmal »Neeeeeee!«, diesmal höher, zarter, ein schüchternes Lachen: Das sei nichts für ihn.

Womit wir beim Thema Einsamkeit wären; sowie bei der aus meiner Sicht bemerkenswerten Tatsache, dass die auf einem solchen Rastplatz zur Schicksalsgemeinschaft zusammengewürfelten Fahrer zwar auf engstem Raum nebeneinander existieren, essen, fernsehen, nächtigen, schnarchen – dabei aber kaum soziale Nähe aufzubauen scheinen. Ungefähr achtzig LKWs habe ich eben, vor meinem Gespräch mit David, in den Parkbuchten von Garbsen Nord gezählt. Wenn man davon ausgeht, dass vielleicht ein Drittel davon wegen der zu bewältigenden Strecke mit zwei Fahrern besetzt sind (diese Einschätzung verdanke ich Hauptkommissar Loeper), bedeutet dies, dass über hundert Berufskraftfahrer hier heute ihren Feierabend verbringen.

Was ich nicht gesehen habe: Zwei oder mehr Männer, die sich außerhalb ihres Fahrzeugs getroffen hätten, um sich zu unterhalten, um Karten zu spielen oder Backgammon, Schach, Bier zu trinken. Oder gar – ein Gedanke, der mir so sozialkitschig vorkommt, dass ich kaum wage, ihn niederzuschreiben –, um gemeinsam Fußball zu spielen, Frisbee, Boule, Gitarre, was auch immer, Kiffen, warum nicht? Sogar ein herumkreisender Joint wäre in dieser Situation ein herausragender sozialer Akt.

Die Verkehrspolitik tut allerdings auch wenig dafür, um dem Monadendasein der Lastwagenfahrer Abhilfe zu schaffen: Eigentlich, denke ich, müsste jede Autobahnraststätte mit Sportanlagen, Schwimmbädern, Kinos, Kegelbahnen ausgestattet sein, um den Fahrern einen menschenwürdigen, ganzheitlich-gesunden Feierabend zu ermöglichen. Rund um die Uhr. Bei unentgeltlichem Eintritt.

Allerdings begebe ich mich mit solchen Ideen, wie mir sogleich asphaltheiß klar wird, in heikle historische Kontinuitäten. Schließlich wurden die Berufskraftfahrer gerade im Nationalsozialismus als »Männer der Faust« glorifiziert und sollten daher auf Rastanlagen stets Sonderbehandlung erhalten. »Der wichtigste Gast, sozusagen der Ehrengast dieses Rasthofes ist der deutsche Fernfahrer«, schrieb etwa der Generalinspektor für das Straßenwesen Fritz Todt 1939 an die Betriebsleitung des Rasthofs Magdeburger Börde. »Ich ordne hiermit an, dass bei starkem Besuch der Eingang zum unteren Raum ein Schild ›Reserviert für Fernfahrer‹ erhält. Ich verlange, dass das bedienende Personal darauf hingewiesen wird, dass im Zweifel zuerst der Fernfahrer und dann das sog. vornehme Publikum bedient wird.«

Diese Idealisierung des Fernfahrerdaseins setzte sich auch in der Nachkriegszeit fort. Im westdeutschen Fernsehen huldig-ten in den Sechzigerjahren Serien wie *Kapitäne der Landstraße* dem fahrenden Gewerbe. In den Siebzigerjahren kam, orien-tiert an amerikanischen Vorbildern, das musikalische Genre der Trucker-Ballade hinzu. Einer der wichtigsten Vertreter die-ser Kunstform war Jonny Hill, der sich bei einem Zwischen-stopp in Garbsen Nord, siehe oben, im Gästebuch verewigte. Die ungekrönten Könige waren aber die Musiker von Truck Stop, deren Leidenschaft für das Raststättenleben bereits aus dem Bandnamen spricht. In einem ihrer größten Hits, »Die Frau mit dem Gurt«, darf ein Berufskraftfahrer eine Automo-bilistin über die Vorzüge des Anschnallens belehren; ein Mus-terbeispiel des Mansplaining.

> Ich als Kilometerfresser
> Sag dir: Oben mit ist besser
> Mädchen geh auf Nummer sicher
> Schnall den Gurt an
>
> Lieber mal mit Reizen geizen
> Als dein Blatt zu überreizen
> Später kannst du mir beweisen
> Dass du oben ohne auskommst

Dann kamen die Achtziger, und mit ihnen der imagemäßige Niedergang sowohl des Raststättenwesens als auch des Berufskraftfahrertums. Mittlerweile sind in Deutschland ungefähr sechzigtausend Arbeitsplätze unbesetzt, jedes Jahr gehen dreißigtausend LKW-Fahrer in Rente. Als Nachwuchslastwagenfahrer aus Leidenschaft ist David, so gesehen, ein ausgesprochen rares Gewächs.

Das Leben auf und an der Autobahn sei schon einsam, muss er zugestehen. Unter den osteuropäischen Kollegen gebe es noch etwas mehr Zusammenhalt, und die machten mittlerweile die überwältigende Mehrheit der Fahrer aus, geschätzte neunzig Prozent. Aber: Das seien zumeist »arme Schweine«, meint David, müssten für ein paar hundert Euro fahren und seien dafür oft wochenlang von zu Hause weg. Der Luxus einer heißen Dusche, wie er sie sich heute Abend leisten kann, oder gar einer warmen Mahlzeit im Restaurant ist bei ihren schmalen Salären nicht drin.

Ob er sich denn vorstellen könne, selbst einmal im Ausland zu arbeiten?, will ich wissen; womöglich habe ich immer noch die abgestandene Kraftfahrerromantik von Truck Stop im Kopf. In Nordamerika vielleicht, schnurgerade Freeways, Route 66, Heimat aller Fernfahrerklischees?

David denkt nach, aber nicht lange. Die USA auf gar keinen Fall, er schüttelt den Kopf. Neeee, wenn dann würde er gern mal mit dem LKW durch Australien fahren. Mit so einem Wüstenschiff, oder besser Straßenzug, *Road Train,* fünfzig Meter lang, hundert Tonnen schwer, vorn ein Pflug dran, um versehentlich auf die Fahrbahn geratene Kängurus beiseiteschieben zu können. Aber das ist alles nur hypothetisch – bis auf Weiteres fährt David durch Deutschland, wo die zulässige Gesamtmasse für LKWs bei vierzig Tonnen liegt und alle sechzig Kilometer eine Raststätte wartet: eine Versorgungsdichte, von der australische Trucker nur träumen dürften.

Apropos: Welches ist Davids professioneller Meinung nach die beste Raststätte in Deutschland?

Ah! Sein Blick hellt sich auf, wieder dieses Leuchten, als wären die Augen zwei Frontscheinwerfer. Der Autohof Kleinostheim, bei Aschaffenburg, sagt David, der sei eindeutig am einkehrenswertesten. Da gebe es leckeres Essen, nettes Personal …

Und in Garbsen Nord?

David zuckt mit den Schultern, schaltet die Augen auf Abblendlicht. Dem kulinarischen Angebot hier kann er offenbar nicht viel abgewinnen: Da würden doch »die Schnitzel am Morgen gebraten und dann nach Bedarf wieder aufgewärmt«. Nee, für gutes Essen gebe er gern etwas mehr Geld aus. Hier jedoch stimme – geläufige Argumentation in allen gastronomischen Diskursen deutscher Zunge – »das Preis-Leistungs-Verhältnis nicht«. Ich gebe das hier gänzlich wertfrei und unverifiziert wieder. Als braver Gesinnungsvegetarier habe ich mich seit meiner Ankunft von den Schnitzeln fern und stattdessen am Salatbuffet schadlos gehalten.


Noch eine letzte Frage – ich merke, dass David allmählich unruhig wird, vielleicht haben wir einfach zu viel vom Essen geredet –, eine allerletzte Frage also: Wenn er Kinder hätte, würde er sie, wie ehedem sein Vater, im Vierzigtonner mit auf Tour nehmen?

»Jaklaaaaaaar!« Ein freundlich-empörtes Aufwallen, genauso vehement wie das Neeeeeee!, nur eben bejahend. »Wennse das möchten.«

Sein Bruder, fügt David hinzu, habe ja auch drei Kinder – und die Älteste, die sei jetzt elf, fahre schon regelmäßig mit. Vielleicht, denke ich, wächst hier nach den geburtenschwachen und fernlasterverachtenden Jahrgängen eine neue Generation von LKW-Fahrer*innen heran: optimistisch, rheinisch-frohsinnig; vor allem aber gleichberechtigt und weiblich. Aktuell liegt der Frauenanteil unter Berufskraftfahrern noch bei unter zwei Prozent.

»So!« David schnappt sich seinen Camouflage-Kulturbeutel vom Rastplatztisch, wo er ihn während unseres Gesprächs abgelegt hatte, neben der Zahnbürste ragt eine Packung Drehtabak heraus: Jetzt müsse er wirklich dringend duschen. Er gibt mir zum Abschied die Pranke, meine Hand wird zum Händchen. Ein letzter rheinischer Singsang, überraschend melodisch, geradezu überschwänglich, zumal dafür, dass David zunächst gar nicht mit mir reden wollte: »Schönes Gespräch gewesen!« Dann trottet er Richtung Rasthaus.

Und wenn das jetzt in einem Song von Jonny Hill oder Truck Stop vorkäme, wäre es echt zu kitschig, um wahr zu sein, aber es stimmt: Er geht wirklich nach Westen, in Richtung der untergehenden Sonne. Das Handtuch über die Schulter geworfen wie eine Satteldecke, den Waschbeutel in der Hand, eine glimmende Selbstgedrehte in der anderen. Ich sehe ihm nach, bis er im staubigen Gegenlicht verschwindet.

# Nachtgedanken

Die Fackel der Freiheitsstatue ist längst erloschen, der Iguanodon schläft, das Dinosaurierhaus darunter ist definitiv ausgestorben. Ich nippe an meinem Abschiedsbier, um Mitternacht ist im Rasthaus Sperrstunde, wer jetzt keinen Rausch hat, kriegt keinen mehr.

Die Salate der Selbstbedienungsinsel sind in große weiße Plastikeimer umgetopft worden, die Räder der Geldspielautomaten stehen still. Der Gladiator ist ungeschlagen, aus der Tiara ist kein Zacken gebrochen, der Jackpot ist ungeknackt, sogar die Slush-Maschine ist für die Nacht verstummt. Nur hin und wieder huscht eine Maus durch die offene Terrassentür und läuft zielstrebig in Richtung der Spielautomaten.

Plötzlich kommt Bewegung in den Laden: Ein viriler Silver Ager stapft herein und zapft sich am Automaten einen Espresso. Er nippt, noch bevor er bezahlt hat, an der Tasse, lässt einen Kennerblick durchs Interieur schweifen und verkündet dann fachmännisch, als adressierte er einen vollbesetzten Hörsaal, wie ein Wissenschaftler, der gerade die Weltformel entdeckt hat: »Wenig los hier!«

Ich verlasse den Ort des Ungeschehens, gehe nach draußen, ein wenig, nun ja, frische Luft schnappen. Auf dem verdorrten Rasenstück vor dem Rasthaus, in der Flussschleife zwischen den Fahrspuren, steht ein alter Kombi mit Hannoveraner Kennzeichen, durch das Heckklappenfenster erkenne ich in seinem Innern zwei Schemen, zwei Körper: Mann und Frau, sie liegen im Kofferraum und schlafen.

Die beiden sind mir tagsüber schon aufgefallen, meist sitzen sie an einem der Picknicktische, rauchen, schweigen sich an, gehören zum Inventar wie der Dinosaurier und die Freiheitsstatue. Sie scheinen also tatsächlich hier zu wohnen. Nun liegen sie da wie zwei Brotlaibe, Leiber, die darauf warten, dass die Klappe sich öffnet, dass sie in die Welt gezogen werden, frisch und dampfend. In diesem Idealzustand, den Brote wie Menschen, wenn überhaupt, nur für flüchtige Momente erlangen.

Weiter zur Autobahn, durch die Lärmzone, über die Köpfe schlafender Wegwarten, Vogelknöteriche und Gänse-Malven hinweg, es zieht mich zum Fahrbahnrand. Ich stelle mich mit geschlossenen Augen hinter die Leitplanke, recke die Nase in den lodernden Wind, spitze die Ohren – und erhasche eine letzte, späte Erkenntnis.

Der Lärm der vorüberrasenden Fahrzeuge, so stelle ich fest, dieser Grundsound der Autobahn, den ich doch seit Jahrzehnten zu kennen glaubte: Er klingt gar nicht wie Meeresrauschen, wie Apologeten des Verkehrslärms gerne behaupten und wie auch ich bislang gerne nachgeplappert habe. Er klingt auch nicht wie das Kopfschütteln einer durch die Beschallung debil gewordenen Autobahnanrainerin, wie der Komiker Otto Waalkes einst meinte:

Neeeeeeeiiiiiiin!
Neeeeeeeiiiiiiin!
Neeeeeeeiiiiiiin!

Nein, das Geräusch der Autobahn, so wird mir spätnachts am Rand der A2 in trunkener Nüchternheit klar, klingt wie ein Orkan, der sich durch einen aus Fichten und anderen flachwurzelnden Nadelbaumarten bestehenden Bergwald wühlt, inklusive gelegentlich dazwischenheulender Sturmhexen.

Und: Dieses Geräusch entsteht nicht etwa, wie ich bislang geglaubt hatte, durch das Laufen der Verbrennungsmotoren, sondern es verdankt sich, wenn ich die verschiedenen Lärmpartikel richtig analysiere, vor allem dem Luft- und Reifenreibungswiderstand der Fahrzeuge. Selbst aus wenigen Metern Entfernung hört man eigentlich kaum noch die Motoren, sondern beinahe ausschließlich das stimmlose Summen und Schleifen von Reifen auf Asphalt. Bei Lastwagen kommt noch ein hoher, singender, sehnsuchtsvoller Laut hinzu, der an das Balzen eines Cellos auf der A-Saite erinnert und mutmaßlich von der Vibration der Abdeckplanen über der Ladefläche herrührt: Er wird mit zunehmender Entfernung nicht nur leiser, sondern verliert auch an Höhe, als würde der Finger des Cellisten auf der Saite Richtung Wirbelkasten rutschen.

Insgesamt ergibt sich, wenn man auf einer Raststätte dicht an der Autobahn steht, ein überwältigender stereophonischer Effekt, ein »Crescendo bis zum (…) Bersten«, wie Julio Cortázar und Carol Dunlop schreiben, »diese Diastole und Systole eines wogenden, atmenden, manchmal unerträglichen Klangvolumens«. Das Crescendo kommt von links und rechts, manchmal zeitparallel, meistens verschoben, es kollidiert vor meinen geschlossenen Augen und wechselt dann in einem Wimpernschlag die Seite. In Sekundenbruchteilen durchmisst es das Hörpanorama, bevor es von einem neuen Motorengeräusch überdeckt wird oder allmählich in der Ferne verschwimmt.

Nur still. Richtig still wird es nie.

# Zur Quelle

Berlin, Winter. Mein Aufenthalt in Garbsen Nord liegt mittlerweile ein halbes Jahr zurück, als mich aus dem Hinterhalt ein merkwürdiges Gefühl erwischt. Eine Emotion, die ich bislang nicht kannte, die ich früher auch nicht für möglich gehalten hätte und die sich schwer in Worte fassen lässt: Ich habe das unerklärliche und zugleich unstillbare Verlangen, neben einer Autobahn zu sitzen, dem Geräusch von Reifenabrieb und Verbrennungsmotoren zu lauschen, Bier zu trinken und in der Fremde zu sein; einer vorübergehenden Fremde, die fast überall in Deutschland zu haben ist. Es handelt sich um eine ausgesprochen paradoxe Emotion, bei der sich die Zentripetalkräfte der Nestgebundenheit und die Fliehkräfte der Wanderlust ziemlich genau die Waage halten. Ich bezeichne dieses Gefühl, das sich emotionsphilosophisch an der Schnittstelle zwischen Heimweh und Aufbruchstimmung verorten lässt, als *Raststättenweh*.

Zum Glück liegt Linderung nicht fern. Die Raststätte Avus im Westen von Berlin befindet sich gerade mal eine halbe Stunde von meiner Wohnung entfernt. Sie ist, wie ich vom Vorüberfahren weiß, bildschön, ihr zylindrischer Turm mit den ringförmigen Balkonen erinnert mich immer an eine verschollene Plastik von Oskar Schlemmer. Sie ist bis unters Flachdach mit Historie vollgepackt, und das Beste: Sie ist mit öffentlichen Nahverkehrsmitteln zu erreichen! Denkbar ideal für einen verkappten Ökofaschisten und Verbrennungsmotorphobiker wie mich.

An einem regnerischen Freitagabend im Februar, das Rast-stättenweh wird allmählich unerträglich, nehme ich daher meine aus einem alten Zementsack genähte Umhängetasche, packe mein Notizbuch, einen Stift, eine Mehrfahrtenkarte der Berliner Verkehrsbetriebe sowie ein Filmdöschen voll kontrollierter Substanzen ein und schnappe mir meinen alten Freund M. Dann machen wir uns auf den Weg.

Aus Perspektive eines Normalreisenden ist die Lage der Rast-stätte Avus reichlich absurd: Wenn man in Berlin losgefahren ist, hat man das Stadtgebiet noch nicht verlassen, wenn man auf dem Weg in die Hauptstadt ist, ist man so gut wie am Ziel. Aus Perspektive eines Zeitreisenden ist die Lage der Raststätte hingegen perfekt: Schon der knapp viertelstündige Fußweg vom S-Bahnhof Westkreuz bis zur Anlage ist ein Gang durch die Geschichte. Im Zeitraffer. Rückwärts.

Die Einwegspritzen, die auf dem finsteren Wegstück zwischen S-Bahnhof und Internationalem Congress Centrum herumliegen, erinnern schmerzhaft an die Achtzigerjahre, gemahnen an die Kinder vom Bahnhof Zoo. Eine Epoche, die hier noch nicht vorbei ist: Als wir die Stadtautobahn unterqueren, sehen wir rechts – geschützt vor dem Regen, aber sonst nichts – ein Camp von Obdachlosen und Suchtkranken.

Doch schon ein paar Meter weiter erreichen wir die Siebziger: Ein knallorange gekachelter Tunnel führt in den gewaltigen Aluminiumunterleib des ICC hinein, er leuchtet im Dunkeln wie ein Geburtskanal, wie der Wurmgang in eine verbotene Frucht. Wir folgen seiner Windung, lassen uns vom Urinhauch treiben, werden auf der anderen Seite herausgedrückt, ausgespuckt, wiedergeboren … und befinden uns mit einem Mal in der Zwischenkriegszeit.

Zu unserer Rechten strebt der Westberliner Funkturm in den Himmel, 1926 eröffnet, eine Stahlschönheit – allerdings unerreichbar: Unmittelbar vor uns, um uns, unter uns befinden sich die Überreste der berüchtigten Avus-Nordkurve. Hier war der stadtseitige Wendepunkt der Rennstrecke, hier schanzten etliche Motorsportler in die vielbesungene Berliner Luft-Luft-Luft und dann in den Tod.

Ihnen ist kein Denkmal errichtet, dafür aber zwei legendären Motorradfahrern der Dreißigerjahre: Lebensgroß, in Bronze sitzen Ewald Kluge und Ernst Jakob Henne hier auf ihren Maschinen, legen sich mit tonnenschwerem Gewicht in die Kurve, ihre Augen sind bebrillt, die Münder verkniffen, sie ducken sich auf die Tanks – und kommen doch keinen Millimeter voran. Der Schöpfer dieser heroischen Skulptur, Max Esser, ist sonst vor allem für seine gefühlvollen Tierdarstellungen bekannt, man betrachte etwa seine Rohrdommelgruppe im Zoologischen Garten – hier hat er das Bestialische im Menschen, seinen rasenden Geschwindigkeitsdrang aufs Schönste erfasst.

Wir gehen weiter nach Süden, durch ein Gewirr von Abfahrten und Autobahnzubringern. Der Verkehr ist rege, aber fein säuberlich in Blechkisten verpackt, wir sind die einzigen Fußgänger weit und breit. Würde man vom Funkturm auf uns herabschauen, sähe man zwei Arglose im Ausland, zwei Gestrandete auf einer Verkehrsinsel: Wir befinden uns zwischen der A115 und der A100, die auf dieser Höhe als die am dichtesten befahrene Autobahnstrecke von Deutschland gilt, zwei Fahrzeuge pro Sekunde.

Nach ein paar Minuten taucht zu unserer Rechten, im tabakgelben Licht der Natriumdampflaternen, ein Schild auf: »Autobahngelände. Zugang zum Rasthof Avus frei. Kein Winterdienst« – aber es gibt in diesem Jahr ohnehin keinen meteorologischen Winter, zumindest nicht in Berlin. Wir folgen dem Schild, überqueren den finsteren, fünfzig Stellplätze umfassenden LKW-Parkplatz, dann stehen wir vor dem Ziel unserer Reise, diesem Kleinod der Autobahnnebenbetriebe. Dem Rasthof Avus.

Früher, als strebsamer Schüler eines humanistischen Gymnasiums, glaubte ich immer, dass sich der Name dieser Raststätte sowie des daneben verlaufenden Autobahnteilstücks dem lateinischen Wort für »Urahn, Großvater« verdanke:

avus

avi

avo

avum

avo

Das ist natürlich falsch, die Folge zwanghaften Etymologisierungswahns eines überambitionierten Altsprachlers. In Wirklichkeit ist AVUS eine sehr deutsche Abkürzung und steht für »Automobil-Verkehrs- und Uebungsstraße«.

Richtig ist, dass die 1921 eröffnete, gut acht Kilometer lange Strecke die erste Nurautostraße der Welt war und somit als Opa aller Autobahnen gelten darf. Anders gesagt: Wir befinden uns an jenem Ort, wo das verzweigte System der Fernverkehrsstraßen und ihrer Nebenbetriebe seinen Anfang nahm. Ohne die Avus keine Autobahn; ohne die Autobahn keine Raststätten. Wir sind, wo alles begann.

Schnurgerade fräst sich die Avus von hier aus durch den Grunewald und war von Anfang an auf das Erreichen hoher Geschwindigkeiten ausgelegt: Man könne daher zu Recht behaupten, schreibt der Architekturhistoriker Erik Wegerhoff, »dass die Autobahn aus der Rennbahn, wenn nicht gar als Rennbahn entstanden ist«. Das heutige Rasthaus wurde ursprünglich als Verwaltungsgebäude der AVUS AG erbaut und befand sich unmittelbar neben der Ziellinie, an Renntagen diente es als Aussichtsturm für die Zielrichter.

Inzwischen beherbergt das Gebäude ein Motel mit siebzig Betten, außerdem ein weitläufiges Restaurant. Auf dem Dach leuchtet, weithin sichtbar, das Markenemblem eines Herstellers von Luxuslimousinen. Darunter, auf den ringförmigen Balkonen, prangen die Schriftzüge einer Berliner Brauerei sowie eines internationalen Mineralölkonzerns: Treibstoff für Mensch und Maschine.

Der zentrale Gastraum ist, wenig überraschend für einen zylindrischen Baukörper, annähernd rund, die Tische sind um eine zentrale tragende Säule gruppiert. Wir nehmen zwei Plätze mit Blick auf die Autobahn, dank schallschluckender Fenster hört man fast nichts vom Verkehr, obwohl sich die äußere Tischkante nur geschätzte eineinhalb Meter von den vorbeirauschenden Fahrzeugen befindet.

Aber egal, wo man hinschaut: Hier ist überall Avus. Sei's an den Wänden, wo auf historischen Plakaten legendärer Rennen gedacht wird. Sei's auf den Tischen, wo unter Glas historische Fotos aus der Geschichte des Rast- und Rennareals collagiert sind, dazu knappe hagiographische Begleittexte.

Im März und Oktober 1934 lässt Hans Stuck mit dem Auto Union-›Silberpfeil‹ auf der Avus reihenweise Weltrekorde purzeln. Unter den Gratulanten (rechts vorn, zum Fahrer gebeugt) Dr. Ferdinand Porsche, der Konstrukteur des Heckmotorwagens.

Unsere Tischlektüre wird jäh vom Herannahen der Resoluten Wirtin unterbrochen: Ja, an der Avus wird, anders als in Garbsen Nord oder allen anderen mir bekannten Raststätten, tatsächlich noch am Tisch serviert. Die Currywurst soll hier besonders gut sein, das örtliche Gourmetfachblatt *Berliner Zeitung* zählt sie gar zu den besten der Stadt – für mich als Fleischverächter stellt sie allerdings keine kulinarische Option dar, und Freund M. ist entweder solidarisch oder schon satt, wir nehmen also stattdessen das Herrengedeck, Bier und Johnnie Walker. Die Happy Hour, muss man anmerken, dauert hier geschlagene sechs Stunden und endet um Mitternacht, die Preise sind so günstig wie zu Heinrich Zilles Zeiten.

Die Resolute Wirtin, mit Tablett, Bestellblock und Berliner Mundwerk bewaffnet, erkennt uns natürlich sofort haarscharf als die Fremdkörper, die wir sind, Gäste, die aus der Reihe schlagen. »Und«, fragt sie mit rauchiger Stimme, als sie die Getränke gebracht hat: »Was führt euch hierher, Männer?«

Ich drucke ein wenig herum, unsicher, ob ich das abstrakte und auch für mich noch neue Konzept des Raststättenwehs in verständliche Worte fassen kann – aber Freund M. nimmt mir die Entscheidung ab, deutet mit Zirkusimpresariogeste auf meine Wenigkeit und verkündet, als würde ich gleich mit den Tischpflanzen jonglieren: »Dieser Mann! Schreibt! Ein Buch! Über Raststätten!«

»Ah ja?« Die Wirtin nickt, freundlich, aber sichtlich unbeeindruckt, als käme hier jeden Abend irgendein Angeber vorbei, der sich als Autor ausgibt.

»Na ja«, murmele ich einschränkend: »Eigentlich schreibe ich vor allem über *eine* Raststätte. Garbsen Nord.«

Die Wirtin horcht auf: »Da gabs ’n Mord?«

»Bitte?«

Es dauert einen Moment, bis ich den Freud’schen Verhörer

der Wirtin als solchen erkannt habe, Garbsen Nord, Gabs'n Mord – sie ist aber, bevor ich sie korrigieren kann, schon über die vermeintlich schockierende Information hinweg, hat sie eingeordnet, abgeheftet, alles im Rahmen.

»Hatt'n wir hier ooch schon«, sie deutet nach draußen: »Da uff'm Parkplatz.« Die Frau des Toten habe hier angerufen und sich nach ihrem Ehemann erkundigt – der saß, wie sich herausstellte, schon seit einer Woche regungslos in seinem Fahrzeug. Tragisch, denke ich, aber auch passend: Schließlich bezeichnete das altsächsische Wort *resta,* aus dem sich unser *Rast* entwickelt hat, ursprünglich nicht nur einen Ort zum Ausruhen, sondern auch das Totenlager. Letzte Ausfahrt Avus. *Resta in peace.*

Der Resoluten Wirtin sind solche Vanitasgedanken vermutlich fremd: Sie wirkt im besten Sinne bodenständig, eine rundum gelungene Mischung aus Bedienung, Beichtmutter und Bewährungshelferin – wie geschaffen für die Arbeit auf einer Raststätte mit ihren ständig wechselnden, meist männlichen Besuchern. Aber sie hat auch Erfahrung, arbeitet schon länger hier, genauer gesagt seit achtundzwanzig Jahren. »Eigentlich wollt' ick nur einen Winter lang bleiben«, ein gutturales Lachen: »Dann wurde 'ne Eiszeit draus.«

Freund M. und ich lachen anerkennend mit, nicken im Rhythmus des Tetrahydrocannabinol, und ich notiere diskret unter dem Tisch diese grandiose klimatologische Metapher, die auf so manchen Lebensweg, in den man halt so reingeschlittert ist, passen dürfte. Apropos: Auf welchem schlüpfrigen Berufspfad bin ich eigentlich hierher gelangt?

Bange Frage – diesmal aber nicht an mich, sondern an die Resolute Wirtin: Wie lange wird das mit dem Glazial hier am Rasthof noch weitergehen? Die ehemaligen Zuschauerränge an der Avus, schräg gegenüber, sind schon seit Jahren mit Bauplanen abgehängt. Die legendäre Deutschlandhalle, ein paar hundert Meter weiter, wurde 2011 gesprengt. Soll nicht auch die Raststätte selbst demnächst, wenn das Autobahndreieck Funkturm umgebaut wird, abgerissen werden?

Aaach, die Resolute Wirtin winkt ab. Erstens stünde »dit alles«, sie macht eine Dreihundertsechzig-Grad-Geste durch den pastellfarbenen Gastraum, »unta Denkmalschutz«. Und zweitens: Wenn die Baumaßnahmen hier auch nur annähernd so schnell gehen würden wie beim Katastrophenflughafen BER – beliebtes Referenzobjekt für alle Infrastrukturpläne des Berliner Senats –, dann würde sie den Umbau ohnehin nicht mehr erleben. »Bis hier wat passiert, bin ick sowieso in Rente.«

Darauf eine Runde. Und, wenn die Erinnerung nicht trügt, noch eine, und vielleicht eine weitere? Jedenfalls habe ich irgendwann, die Happy Hour ist noch nicht vorbei, einen geradezu mystischen Zustand erreicht. Ein Gefühl der All-Einheit, des Alles-in-Ordnung, des Alles-ist-hier, als wären Garbsen Nord und sämtliche anderen Raststätten, die ich jemals in meinem Leben besucht habe, heute an diesem einen Ort kondensiert.

Die über achtzigjährige Geschichte der Autobahnnebenbetriebe schnurrt auf diesen Abend an der Avus zusammen. Wir sitzen an der Quelle, sämtliche Verkehrsflüsse Deutschlands nehmen von hier aus ihren Lauf, schlängeln sich in alle Himmelsrichtungen über das Land, bilden einen gigantischen Maelstrom aus Asphalt und kehren dann wieder zurück, wenige Meter neben unserem Tisch brechen sich die Ausläufer, die Frontscheinwerfer der Fahrzeuge sind die Schaumkronen.

Der Schaum sinkt in Zeitlupe zu Boden. Er rutscht an der Scheibe herab wie das Gelege einer Nacktschnecke, sammelt sich am Boden, die Bläschen zerplatzen, der Verkehrsfluss versiegt. Unsere Gläser sind leer, die Feuchtigkeitsringe auf dem Tisch bilden eine liegende Acht.

Wir wischen das Unendlichkeitszeichen beiseite, entscheiden uns schweren Herzens zur Rückkehr in die Gegenwart, zum langen Marsch durch die Dekaden. Zwanziger, Dreißiger, Siebziger, Achtziger, jetzt. Zurück zum S-Bahnhof Westkreuz.

Als M. und ich Richtung Ausgang taumeln, sieht uns die Resolute Wirtin schon von Ferne. Sie kommt aus dem Rauchernebenraum geeilt, wo sich zwei Dutzend Gäste in Zigarettenqualm marinieren, zückt das Portemonnaie, als wäre das Kassieren eine lästige Pflicht, verabschiedet uns mit einem mütterlichen Tätscheln des Oberarms. Traurig und milde zugleich. Als wäre sie enttäuscht, dass wir gehen müssen, habe insgeheim aber auch nichts anderes erwartet.

»Bis zum nächsten Mal«, sagen wir ehrlich gerührt, zwei verlorene Söhne, die Besserung geloben. »Wir kommen wieder!«

Die Wirtin wedelt mit einer beiläufigen Handbewegung unser Pathos beiseite, sie kennt solche Sprüche zur Genüge. »Nich' immer diese Drohungen!«

Aber sie irrt sich. Keine Drohung. Klar kommen wir wieder. Ob wir wollen oder nicht. Ob an die Avus oder nach Garbsen Nord, ob mit dem Auto oder der Bahn.

Wir kommen doch alle immer wieder.

# Literatur

Marc Augé: *Nicht-Orte*. München 2010.

*Autobahn Profi. Wo Sie am besten rasten, tanken, tagen und übernachten.* Rosdorf 1993.

Michail M. Bachtin: *Chronotopos*. Frankfurt am Main 2008.

Otto Friedrich Bollnow: *Mensch und Raum*. Stuttgart 1963.

Julio Cortázar und Carol Dunlop: *Die Autonauten auf der Kosmobahn. Eine zeitlose Reise Paris – Marseille*. Frankfurt am Main 2014.

Jürgen Feder: *Feders fabelhafte Pflanzenwelt. Auf Entdeckungstour mit einem Extrembotaniker*. Reinbek bei Hamburg 2014.

Michel Foucault: *Heterotopien. Der utopische Körper. Zwei Radiovorträge*. Frankfurt am Main 2013.

Sigmund Freud: »Charakter und Analerotik«. In: *Studienausgabe*. 10 Bände. Frankfurt am Main 2000: VII, 23–30.

Ralph Johannes und Gerhard Wölki: *Die Autobahn und ihre Rastanlagen. Geschichte und Architektur*. Petersberg 2005.

Kathryn A. Morrison und John Minnis: *Carscapes. The Motor Car, Architecture and Landscape in England*. New Haven und London 2012.

Paul Virilio: »Metempsychose des Passagiers«. In: *Der negative Horizont. Bewegung – Geschwindigkeit – Beschleunigung*. München und Wien 1989: 29–45.

Erik Wegerhoff (Hrsg.): *On the Road – Über die Straße. Automobilität in Literatur, Film, Musik und Kunst*. Berlin 2016.

Claudia Windisch-Hojnacki: *Die Reichsautobahn. Konzeption und Bau der RAB, ihre ästhetischen Aspekte, sowie ihre Illustration in Malerei, Literatur, Fotografie und Plastik*. Bonn 1989.

# Dank

Der vorliegende Text verdankt sich zu weiten Teilen jener Methode, die der amerikanische Autor und Vertreter des New Journalism Gay Talese einmal »the fine art of hanging around« genannt hat: die hohe Kunst des Herumlungerns. Er basiert auf Beobachtungen, die ich im Sommer des Jahres 2019 auf deutschen Autobahnraststätten, vor allem in Garbsen Nord, gemacht habe.

Darüber hinaus beruht er auf zahlreichen Gesprächen und Interviews, die ich geführt habe. Ich danke von Herzen für ihre Gesprächsbereitschaft, ihr Vertrauen, ihre Freundlichkeit und die Einblicke, die sie mir in ihr Leben und ihre Arbeit gewährt haben: Bea Ackermann, Jürgen Feder, Christoph Fliegen, Christine Lineke, Frank Loeper, Marc Münnich, Victor Perli, Sylvia Scharninghausen sowie allen anderen, die im Buch namentlich ungenannt bleiben.

Die Äußerungen der im Buch zu Wort kommenden Personen basieren sämtlich auf Audioaufnahmen oder unmittelbar nach dem Gespräch verfassten Gedächtnisprotokollen. Dennoch habe ich mir bei der Niederschrift etliche Freiheiten genommen: Zitate wurden überarbeitet und gekürzt, der Ablauf der Gespräche dramaturgisch verändert, Schauplätze teilweise zusammengelegt oder verschoben. Ich hoffe, meinen Gesprächspartnern in dieser – teilweise stark literarisierten – Form gerecht geworden zu sein. Allfällige Fehler gehen auf meine Kappe.

Ich danke Michael Ebmeyer für die Flugbegleitung, Christian Werner für die grandiosen Fotos und Svenja Flaßpöhler für alles. Darüber hinaus danke ich für Hilfe, Kritik, Anregungen und Ideen: Joanna Baranowski, Böller und Brot, Jan Brandt, Wolfram Eilenberger, Tobias Goldfarb, Annett Gröschner, Stefan Kimmlingen, Tong Mao, Lina Muzur, Slávka Rude-Porubská, Jochen Schmidt, Erik Wegerhoff, Frank Willmann und Anne Wiltafsky.